Mosaik bei
GOLDMANN

Buch

Wir werden immer wieder mit Situationen konfrontiert, die uns an unsere Grenzen bringen und die negativen Seiten des Lebens spüren lassen. Doch gerade diese Wüstentage, wie Pater Johannes Pausch solche Erfahrungen nennt, halten eine Chance bereit: Sie laden uns zum Innehalten ein und öffnen uns die Augen für die Sternstunden des Lebens – jene besonderen Augenblicke, die uns eine tiefe Einsicht vermitteln, neue Kraft schöpfen lassen und uns in unserem Glauben bestätigen. Der Benediktinermönch sensibilisiert für diese kostbaren Momente im Alltag, die einen Klang in der Seele hinterlassen, der immer wieder neu ertönen kann. So zählen diese Sternstunden zu den kostbarsten Schätzen unseres Lebens, da sie uns einem Leben voll Glück und Zufriedenheit näher bringen. Doch zunächst geht es darum, ein Gefühl für die Wüstenerfahrung zu bekommen, um Sternstunden überhaupt erkennen zu können. In seinem 3-Wochen-Übungsprogramm führt Pater Johannes den Leser durch Meditationen, Übungen und Gebete zu einer positiven Lebenswahrnehmung.

Autor

Pater Dr. Johannes Pausch OSB, geboren 1949, zählt zu den weithin bekannten spirituellen Lehrern im deutschsprachigen Raum. Der Benediktinermönch und Psychotherapeut leitet das Kloster Gut Aich in St. Gilgen am Wolfgangsee in Österreich. Er ist ein erfolgreicher Autor und gefragter Kursleiter.

Von Pater Johannes Pausch außerdem bei Mosaik bei Goldmann

Himmlisch leben (17056)
Himmlisch leben jeden Tag (17033)

Pater Johannes Pausch

Sternstunden und Wüstentage

Die kostbaren Momente im Alltag entdecken
Übungen, Gebete, Meditationen

Mosaik bei
GOLDMANN

Alle Ratschläge in diesem Buch wurden vom Autor und vom Verlag sorgfältig erwogen und geprüft. Eine Garantie kann dennoch nicht übernommen werden. Eine Haftung des Autors beziehungsweise des Verlags und seiner Beauftragten für Personen-, Sach- und Vermögensschäden ist daher ausgeschlossen. Die Namen und biografischen Angaben der in diesem Buch beschriebenen Personen wurden vom Autor geändert.

Abt Otto Strohmaier von St. Lambrecht
zu seinem 25-jährigen Abtjubiläum
in Dankbarkeit gewidmet

FSC
Mix
Produktgruppe aus vorbildlich bewirtschafteten Wäldern und anderen kontrollierten Herkünften

Zert.-Nr. SGS-COC-001940
www.fsc.org
© 1996 Forest Stewardship Council

Verlagsgruppe Random House FSC-DEU-0100
Das für dieses Buch verwendete FSC-zertifizierte Papier *Classic 95*
liefert Stora Enso, Finnland.

1. Auflage
Vollständige Taschenbuchausgabe November 2010
Wilhelm Goldmann Verlag, München,
in der Verlagsgruppe Random House GmbH

Umschlaggestaltung: Uno Werbeagentur, München
Umschlagmotiv: © Aflo Relax/Masterfile
Satz: Uhl + Massopust, Aalen
Druck und Bindung: GGP Media GmbH, Pößneck
KW · Herstellung: IH
Printed in Germany
ISBN 978-3-442-17205-4

www.mosaik-goldmann.de

Inhaltsverzeichnis

Einleitung

Wenn die Zeiten inwendiger, stiller und manchmal auch dunkler werden, ereignen sich oft die wichtigen Dinge im Leben, auch wenn die äußeren Zeichen dürftiger sind. Wenn die schreienden Lichter, die auch noch die Nächte zum Tag machen wollen, verlöschen und die dunkle Nacht vielleicht nicht nur ihre schönsten, sondern auch ihre bedrückendsten Seiten zeigt, dann ist es Zeit, die Sterne zu suchen. Wenn uns eine Zeit des Innehaltens und zum Atemholen geschenkt wird – und sei sie auch erzwungen wie im Wartesaal der Ambulanz eines Krankenhauses mit Bangen und Hoffen, mit Zweifel und Zuversicht über den Ausgang dieser oder jener Untersuchung –, wenn ich mich hineinbegeben muss in den Lauf des Schicksals eines Lebens und nicht weiß, ob ich nicht ein ganz anderer sein werde, wenn ich durch die Tür wieder hinausgehe aus diesem Raum, ob geschwächt oder gestärkt – niemand kann es sagen –, dann sind die Zeiten nicht nur wankelmütig, sie sind auch wandlungsfähig. Es sind Zeiten der Wandlung für mich und für andere.

Ich werde gezwungen, ein wenig langsamer zu gehen, weil der, den ich da begleiten soll oder begleiten muss, sich auf einen Stock stützt oder gar selbst nicht mehr zu Fuß gehen kann. Mein Idealtempo wäre so unmenschlich wie unmöglich, auch wenn es noch so gut gemeint wäre, wenn ich versuchte, den anderen zu aktivieren, damit er wieder auf Draht ist und zu Tempo kommt.

Das sind die Situationen, in denen ich die Worte, die ich denke oder sage, noch einmal und noch einmal wiederholen muss, bis hin zur Lächerlichkeit, weil diejenigen, die es hören und begreifen sollen, den Hörapparat zu Hause vergessen haben und mich nur anstrahlen oder verzweifelt sind und mir nichts anderes übrig bleibt, als auch zu strahlen oder zu zweifeln an mir und dieser Welt. Wenn dann die Stunden kommen – bei der Arbeit oder in einer Beziehung – und ich keinen Sinn mehr sehe, ausgelaugt und hilflos bin, nur noch davonlaufen möchte, oder wenn das nicht geht, wenigstens den Kopf in den Sand stecken möchte, um mich und andere in meiner und ihrer Ohnmacht nicht sehen zu müssen, dann muss ich in der dunklen Nacht einen Stern suchen.

Oft meine ich, dass diese Stunden, in denen ich den Sternen begegne und nicht wie ein »Hans Guckindieluft« nur einfach schaue und träume, sondern wirklich die Erfahrung eines großen Lichtes mache, diejenigen sind, die mir Leben geben. Aber ich glaube es nicht. Sternstunden nehme ich ja nicht dann wahr, wenn ich ein Beförderungsdekret entgegennehme und Hofrat werde oder päpstlicher Besenkammernverwalter mit einer roten Schärpe und einem großen Hut. Sternstunden sind auch nicht dann zu haben, wenn ich von meinem Chef eine Belobigung bekomme für eine Umsatzsteigerung oder den Ehrenpreis der Firma für einen Rationalisierungserfolg, der hundert Menschen arbeitslos macht.

Sternstunden sind auch nicht die Zeiten, in denen ich einem anderen tief in die Augen schaue und im Ozean der

Wonne versinke, obwohl auch das zu den schönsten Augenblicken des Lebens gehört.

Es ist auch nicht eine Zeit der großen Bilanzen oder der Geschäftsanalysen, nicht die Zeit der erfolgreichen Geschäftsabschlüsse, so positiv dies alles auch sein mag. Sternstunden sind Augenblicke tiefster Erkenntnis, oft in alltäglicher Gestalt, sie kommen uns entgegen in den Menschen unseres täglichen Lebens. Das, was ich bisher noch nicht gesehen habe, das, was mir bisher nicht auf- oder eingefallen ist, bekommt Bedeutung. Vor allem deshalb, weil ich die Dunkelheit des Lebens stärker wahrnehme als sonst, nicht in Form von Zweifeln oder Verzweiflung oder einer depressiven Phase, sondern indem ich die Wirklichkeit nüchtern einschätze, eine Wirklichkeit, die oft so brutal und hart auf mich zukommt und mir den Atem zu nehmen scheint. Der Atem stockt dann auch richtig. Das Leben oder der Lebensmut hängt an einem seidenen Faden, und dann taucht irgendwoher, ich weiß nicht woher, ein Licht auf, eine Erkenntnis, die Erinnerung an ein Ereignis. Es ist, als wenn ein Bild, ein altes Bild, wieder neu gezeichnet wird, ein Gegenstand tritt in mein Leben, eine Geschichte, eine Erfahrung – wodurch auch immer. Dieses Bild, dieses Licht lässt sich in Beziehung setzen mit meinem Leben.

So als ob ein Stern aus dunkler Nacht aufleuchtet und sich mit meinem Stern in der Dunkelheit des Himmels und der Erde verbindet, und nur einen Augenblick lang voller Gnade, unverdient, nur einfach so eine Erkenntnis im Herzen aufleuchtet, die im Raum des ewigen lichten Sternenhimmels der Nacht neues Leben schenkt, fern aller Ratio, unerklärlich, aber zutiefst berührend.

Man muss sich erinnern können. Diese Fähigkeit brauche ich. Im Inneren hat sich etwas ereignet, ich bin angerührt und bewegt. Ich weiß, dass ich das Leben in irgendeiner Form gesehen und gespürt habe. Sich erinnern können heißt, im eigenen Herzen zu lesen und das Spiegelbild des Lebens zu erahnen und als Ganzes zu sehen.

Man kann solche Sternstunden nicht neben alle anderen Stunden stellen, die sich in der Rumpelkammer unseres Lebens befinden. Sie verändern und hinterlassen einen Klang in unserer Seele, der nie vergeht, der immer wieder neu erklingen kann, wenn wir daran erinnert werden, wenn unsere Seele berührt wird oder wenn wir uns an jenes scheinbar banale und einfache Ereignis erinnern, das wir nicht sehen konnten und wollten als einen Meilenstein auf unserem Lebensweg.

Diese Sternstunden werden im Herzen gespeichert. Sie zählen zu den kostbarsten Schätzen unseres Lebens und können nur mit Menschen geteilt werden, die zumindest den Schatz einer solchen Sternstunde im Herzen haben.

Man könnte es als Zufall bezeichnen, als Glücksmoment, aber die Seele weiß, dass diese Erfahrungen gnadenhafte Geschenke Gottes sind, der sich unser annimmt und in unser Leben eintritt und immer seinen Gnadenstrom öffnet und sendet. Mein Empfänger ist oft abgeschaltet oder mit dem Empfang anderer Botschaften beschäftigt. Ich stehe im Rampenlicht von so vielen sinnvollen oder überflüssigen Ereignissen, sodass für die Sterne in solchen Augenblicken kein Platz vorhanden ist. Weiß ich es noch? Sterne leuchten auch am Tag. Aber in der Nacht kannst du sie sehen.

Die Ereignisse und Erkenntnisse, die ich in diesem Buch zusammengetragen habe, waren Sternstunden. Es waren

Stunden großer Ergriffenheit. Das Herz wurde berührt und verwandelt, auch wenn äußerlich nichts zu sehen war.

Vielleicht war es so wie damals in Bethlehem, als ein Kind geboren wurde und ein Stern aufstrahlte und sich mit den Sternen von vielen Menschen verband und die Herzen der Menschen verwandelte, die Herzen der Hirten, der Weisen aus dem Morgenland, die Herzen von Maria und Josef und sogar die Herzen von Ochs und Esel, wenn es sie denn an der Krippe wirklich gegeben hat (woran ich keinen Augenblick zweifle angesichts der vielen Esel und Rindviecher dieser Welt). Dieser Stern der Gnade, der Weisheit und der Liebe leuchtet auf, vor allem in der Finsternis. Nicht nur beim Propheten Jesaja, sondern bei all denen, die mit dem Herzen Gott suchen, spürt man es und man weiß: »Die Menschen, die da wandeln im Finstern, schauen ein helles Licht. Denen, die im Reich der Schatten leben, ist lichter Tag geworden.« Das ist eine tiefe Erkenntnis und Wahrheit.

Du findest diese Erkenntnis und Weisheit, Leben, Liebe und Freude nur selten in den Theaterarenen dieser Welt. Und dort noch am ehesten hinter den Kulissen, unter den Schnürböden und unter den Souffleurkästen. Dann sind wir aber wieder gerade dort, wo das Leben geboren wird, im Dunkeln, nicht im Scheinwerferlicht.

Es ist die Geburt Gottes in dieser Welt, die sich seit jenen Tagen von Bethlehem immer wieder ereignet. Und mögen noch so kritische Exegeten mit absoluter Sicherheit beweisen wollen, dass es weder Bethlehem noch den Stall, die Hirten, Ochs und Esel noch den Stern gegeben hat. Ich jedenfalls glaube daran, weil sich diese göttliche Geburt seit dieser Zeit immer wieder unter ganz ähnlichen oder gleichen Zeichen und Umständen ereignet. Deshalb erzähle ich einige der Geschichten, einige Sternstunden und die Gedanken und die Erfahrungen um diese Geschichten herum. Sie alle sollen zeigen, dass es da einen Gott im Himmel gibt, der uns in seiner Liebe immer wieder annimmt und der uns in den kleinen und großen Zeichen des Lebens auf seine Spur hinweisen möchte, auf die Spur der Gnade, auf die Spur des Vertrauens und der Liebe.

Der erste Schritt ist die Erkenntnis der Wüste, die sich im Alltag ereignet, vor der wir flüchten, die wir meiden. Die Wüstentage und Wüstenzeiten sind Realität des Lebens. Wir brauchen nicht lange zu suchen. Wir müssen nur Augen und Ohren und unser Herz öffnen, das Leben mit seinen Licht- und Schattenseiten wahrnehmen, dann wird in der Dunkelheit der Stern leuchten, und wir werden einen Weg finden durch dieses Leben hin zu dem unvergänglichen Licht, nach dem wir uns alle sehnen.

Wenn Sie nie solche Sternstunden erlebt und Wüstenerfahrungen gemacht haben, werden Sie in diesem Buch nur Alltäglichkeiten finden. Wenn Sie aber selber eine solche Sternstunde als Kostbarkeit Ihr Eigen nennen, werden Sie mich verstehen und Sie werden mir innerlich ein wenig zunicken und sagen: »Gott ist mitten unter uns gegenwärtig und Mensch geworden.«

✶ *In deiner Stadt ist deine Wüste.*

Erlebnisurlaube in der Wüste sind voll im Trend. Sie gehören zum großen Event-Geschäft unserer Gegenwart. Menschen sehnen sich danach, in einer völlig anderen Umgebung Erfahrungen zu machen, die ihnen helfen, ihr Leben besser zu bewältigen. Häufig wird dabei übersehen, dass ich mit einem gut ausgestatteten Wohnmobil, einem Handy und den Serviceleistungen eines Tourismusunternehmens niemals eine wirkliche Wüstenerfahrung machen kann. Ich bewege mich in meiner gewohnten Umwelt. Nur die Kulissen haben sich verändert. Es ist eine Illusion, echte Wüstenerfahrungen im Sandkasten machen zu wollen.

Vor einigen Jahren schrieb Carlo Caretto ein Buch mit dem Titel *In deiner Stadt ist deine Wüste*. Ich war damals sehr berührt von diesem Buch, denn es wurde mir klar, dass Wüstenerfahrungen nicht irgendwo im Sand der Sahara oder in den Eiswüsten der Arktis stattfinden, sondern immer dort, wo ich gerade bin und lebe. Es kann die Wüste des Lärms einer Disco sein oder das verzweifelte Warten im Flur eines Krankenhauses. Es kann sein, dass ich mitten in einem grünen Park weder Bäume noch Blumen noch Menschen sehe, sondern in mir sich eine große Wüste ausbreitet und ich nicht mehr weitergehen und nichts sehen kann.

Die Wüste ist überall. Vor allem ist sie dort zu finden, wo ich mit mir und meinem Leben konfrontiert bin und Lebenserfahrungen mache, die mich provozieren und oft an den Rand der Existenz führen.

Die Wüste ist kein Sandkasten für Kinder, sondern eine Realität des Lebens, die mich konfrontiert mit Leben und Tod. Jeder muss irgendwann einmal in seinem Leben durch eine solche Wüste hindurchgehen. Oft dauert es nur einen kurzen Augenblick, nur eine Stunde oder einen Tag. Aber die Erfahrungen, die wir dabei machen, bleiben und prägen uns.

✶ *Die Wüste auf Erden beginnt dort,*
wo es keine Fenster zum Himmel gibt.

Wüstentage konfrontieren mich mit meiner Realität. Es sind Zeiten, in denen mich die Hitze der Tagesgeschäfte verschmachten lässt oder die Kälte der dunklen Nacht vor Angst erzittern lässt. Sie fordern mich heraus, einen neuen Weg, eine neue Perspektive und einen neuen Sinn in meinem Leben zu finden.

Zuerst einmal bedeutet Wüste die strahlende, gleißende Helligkeit, die mich blendet oder fast blind macht. Oder sie konfrontiert mich mit der Dunkelheit des Weges, auf dem ich gehen muss. Es gibt da keine Perspektive mehr, kein Licht mehr und auch keinen Stern. Ich habe für mich erfahren, dass diese Wüstentage dann umso aussichtsloser werden, je weniger ich mich orientieren kann. In diesen Zeiten brauche ich, braucht meine Seele ein Fenster zum Himmel. Wenn ich mich in meinem Innern nicht öffne für eine neue Perspektive, für ein neues Wissen, für eine neue Bewegung, dann verzweifle ich.

Das Fenster zum Himmel ist der Glaube, dass es außerhalb meines Denkens, Fühlens und Handelns noch eine andere Wirklichkeit und einen anderen Raum, eine andere Perspektive gibt, die mich leben lässt.

✶ *Jeder hat seine eigene Wüste und*
seine eigenen Sterne.

Für den einen kann die Wüste die Stille sein, die er nicht ertragen kann. Für den anderen ist sie der Lärm der Autobahn oder einer Fußgängerzone. Für den einen ist die Wüste die Sprachlosigkeit und für einen anderen die vielen Worte. Jedenfalls konfrontieren mich Wüstentage mit mir selber, und ich darf mir kein Urteil darüber anmaßen, was ein anderer als Wüstenerfahrung erlebt. Niemand kann das.

Dasselbe gilt für die Sterne. Die Sterne sind die Wegweiser in den Wüstentagen. Manche erleben die Sterne wie Sternschnuppen, die über den dunklen Himmel eilen. Manche brauchen ein wirklich großes Licht, um wenigstens ein bisschen zu sehen. Für die einen ist es ein guter Gedanke, der Hoffnung macht, für den anderen ist es die Erinnerung an eine Erfahrung und die Neuinterpretation dessen, was er erlebt hat.

Immer aber wollen die Sterne, die mir den Weg weisen, an meine früheren Erfahrungen anknüpfen, mich mit meiner jetzigen Situation und dem Weg, den ich gehen muss oder will, versöhnen und in Verbindung bringen.

So wie es unbegreiflich ist, dass mir ein winziger Stern am Himmel in der Dunkelheit der Wüste einen Weg, eine sichere Richtung zeigen kann, so unglaublich sind die Erfahrungen der Menschen, die aus den winzigen Kleinigkeiten ihres Lebens, wenn sie diese nur mit großer Wachheit beachten, Lebensperspektive finden können. Deshalb ist es gut, sich die Wüsten anzuschauen. Sicher begegnen sie einem Menschen nicht alle gleichzeitig. Sie vermischen sich miteinander, und manchmal gibt es einzelne Erfahrungen, die wahrscheinlich sehr präzise zutreffen. Es geht darum, ein Gefühl für die Wüstenerfahrungen zu bekommen, damit es möglich wird, auch die Sternstunden zu erfahren.

Eisblumen

In Stunden der Not oder auch der Traurigkeit, in Stunden der Ruhe und der Stille kommen Erinnerungen in uns hoch. Sie werden wach und zeigen uns ein Stück weit Leben, oder wie wir leben gelernt haben. Es sind oft prägende Erfahrungen aus unserer Kindheit, die sich in unserem Seelenschatz angesammelt haben und aus denen wir unser Leben gestalten können.

Ich erinnere mich an eine Erfahrung mit einem wunderbaren Blumenstock. Der Setzling für diesen Blumenstock, den ich gepflanzt hatte, stammte von einer Nachbarin. Er war wirklich ein Herzstock. Die Blätter waren wunderbar gefärbt. In der Mitte waren sie gelb-bunt, dann gingen die Blätter in Rosa und Rot über, dann kamen grüne Herzstreifen, und nach außen wurden die Blätter wieder dunkelrot. Es war so ein wunderschöner Blumenstock, denn er gebar buchstäblich jede Woche ein neues Blatt. Ich konnte mich daran nicht sattsehen, wenn ich bei der Nachbarin war, und bat sie um einen Ableger. Ich war sechs oder sieben Jahre alt und ging gerade in die Volksschule. Es war ein wunderbares Geschenk für mich, denn dieser Ableger wuchs und war mir dankbar für alle Liebe, die ich ihm schenkte. Ich pflegte ihn wie meinen Augapfel, musste mich immer wieder bremsen, um ihn nicht zu viel zu gießen. Aber ich konnte ihn wachsen sehen, Woche für Woche setzte er ein neues Blatt an. Ich pflegte ihn mit großer Aufmerksamkeit, ich streichelte ihm über die rauhaarigen Blätter und redete mit ihm wie mit einem Bruder. Ich versorgte ihn. Es war wirkliche ehrliche Sorge und Liebe. Herzensarbeit war es. Mit Freude war ich bei der Sache. Im Spätherbst war er fast einen halben Meter hoch gewachsen. Und dann kam der Winter. Es war ein kalter Winter, auch in dem Zimmer, in dem ich schlief, war es kalt, und dort stand der Blumenstock auf der Fensterbank.

Ich weiß noch, dass ich mir Ziegelsteine in den Ofen legte, um sie anzuwärmen. Ich wickelte sie in Tücher ein und legte sie ins Bett, damit das Bett aufgewärmt und wenigstens in der ersten Hälfte der Nacht noch einigermaßen warm war.

Eines Morgens, als ich aufwachte und zur Fensterbank schaute, war er erfroren. Seine Blätter hingen wie nasse Lumpen über dem Topf. Er war tot. Das war eine große Erschütterung für mich. Trauer erfüllte mich. Ich weinte und war verzweifelt. Es war klar, ich hatte nur an mich gedacht mit meinen Ziegelsteinen – auch weil ich es einfach nicht gewusst und nicht mit bedacht hatte –, und ich hatte meinen Blumenstock vergessen. In der Familie haben sie mich zwar nicht ausgelacht, aber keiner hat mich verstanden. Mein Schmerz war tief, es war ja mein eigenes Herzblut, das da erfroren war. Es waren ja auch nicht viele schöne Dinge, die ich hatte. Zwar litten wir keine Not mehr in diesen Jahren, aber das Schöne, das Lebendige war eben doch noch sehr rar.

Und so weinte ich. Die Großmutter nahm mich auf ihren Schoß, als ich so weinte, und tröstete mich. Sie wärmte mich an ihrem Herzen.

In dieser Situation fiel unser Blick auf das Fenster, vor dem der Blumenstock erfroren war, und ich sah wieder, wie durch ein Wunder, eine Blume, eine Eisblume am Fenster. Und ich sagte, und es war eine große Hoffnung in diesem Erkennen und Suchen: »Vielleicht ist das seine Seele, die Gott an das Fenster gemalt hat.« Eine Zeit lang drückte mich die Großmutter noch an ihre Brust, und dann streichelte sie mir über den Kopf und sagte: »Ja, ganz bestimmt. Die Seele stirbt nie.«

Niemand kommt im Leben um die Auseinandersetzung mit Leid und Sterben und Abschied herum. Irgendwann einmal muss ich es lernen. Und wenn es mir nicht gelingt mit dem Herzen zu lernen, wird es nicht möglich sein zu leben.

Es ist eine Arbeit des Herzens, die da gefordert ist. Und es sind Sternstunden, wenn jemand da ist, der uns versteht, der uns annimmt und aufnimmt.

Da ist ein Kind, das sich für das Leben engagiert. Es ist nicht nur etwas Äußerliches gewesen, sondern eine tiefe innere Beziehung. Wenn diese Identifikationsfähigkeit zerbricht, wird jede Aufgabe, jede Arbeit, jede Sache, jeder Vorgang, jede Beziehung zu einer Gefährdung, weil mein Herzblut umsonst geflossen ist und ich mich nicht mehr einlassen will auf eine solche Begegnung. Es ist notwendig in einer solchen Situation, vor allem Kinder an das eigene Herz zu drücken und ihnen zu sagen, dass es auch dann, wenn wir von den Lebenserfahrungen enttäuscht werden, wenn wir entmutigt und verletzt sind und resignieren und aufgeben wollen, eine Perspektive im Leben gibt.

Da mag einer sagen, was er will, etwa: »Die Eisblumen werden vergehen.« Das weiß ich auch, daran habe ich auch keinen Zweifel. Aber der gemeinsame Blick mit meiner Großmutter über die erfrorenen Blätter meines Lieblingsblumenstockes hinweg in die Eisblumen hat mir einfach Hoffnung und Zuversicht gegeben. Es war eine Sternstunde für mich, weil ich gelernt habe, mit einer großen Enttäuschung umzugehen.

Die Grenzen des Lebens erfahren

In der Wüste der Krankheit

Im Wartezimmer des Arztes sitzt eine Frau. Sie wartet auf das Ergebnis einer Routineuntersuchung. Es kann sein, dass sich innerhalb der nächsten Minuten vor ihr die große Wüste einer Krankheit auftut. Sie wird konfrontiert mit ihrem eigenen Leben und damit, dass dieses Leben eine Grenze hat, auch dann, wenn sie weder tot noch krank ist.

Krankheit konfrontiert mich immer mit den Grenzen meines Lebens. Krankheit macht mir klar, dass weder mein Leib noch meine Seele beliebig belastbar sind. Krankheit zeigt, dass ich nicht nur auf viele Menschen, auf Hilfe, auf Unterstützung angewiesen bin, sondern Krankheit macht mir auch bewusst, wie verletzlich mein Leib und meine Seele sind.

✳ *Ich spüre mich selbst im Schmerz des Lebens.*

Manchmal hört man, dass eine Krankheit jemanden wie ein Blitz aus heiterem Himmel getroffen hat. Krankheit konfrontiert uns mit dem Schmerz, mit der Hoffnungslosigkeit, mit Resignation, mit Trauer, mit Wut und mit Angst.

Oft aber sagen Menschen auch, dass sie in irgendeiner Weise schon geahnt haben, »dass irgendetwas los ist«. Anfangs dominiert uns die Schmerzerfahrung, die Erfahrung von Schwäche. Ich kann mich nicht mehr orientieren. Ich kann mich nicht mehr bewegen. Ich weiß nicht mehr, was ich tun soll. Ich bin anderen ausgeliefert. Ich kann nicht mehr weiter.

Trotz all dieser Schmerzen erfahre ich mich in dieser Konfrontation selbst. Ich erfahre mich ja vor allem durch meine Grenzen, meine inneren und meine äußeren. Ich spüre den Schmerz auf der Haut, in meinen Knochen, in meinem Hals, in meinem Bauch und vor allem spüre ich diese Schmerzen auch in der eigenen Seele. Wenn schon nichts Gutes dabei ist, was ich sehen kann, so müsste ich doch zumindest wahrnehmen, dass ich mich jetzt selber erfahre in einer Art und Weise, die ich vielleicht vorher nie gekannt habe.

Laborare ➥ Kranksein ➥ Gesundwerden ➥ Arbeiten

Das lateinische Wort »laborare« hat mehrere Bedeutungen. Diese Bedeutungen können ein Stern, ein Wegweiser sein, wie ich verantwortlich mit den Erfahrungen einer Krankheit umgehen kann.

Zuerst einmal hält Krankheit die Erfahrung der Schwäche bereit. Wir merken, dass etwas nicht mehr so gut geht oder funktioniert, wie wir uns das vorstellen. Krankheit bedeutet aber auch Arbeit. Sie lässt mich laborieren und bringt mich in eine Situation, in der ich gesund werden kann, wenn ich es zulasse, dass ich in mir und mit anderen arbeiten kann.

Das ist nicht nur eine Arbeit mit meinen Händen, sondern es ist auch eine Arbeit meines Verstandes und meiner Seele. Am wenigsten werden Menschen dann gesund, wenn sie sich aufgeben, wenn sie apathisch sind und sich nicht mehr bewegen lassen. Arbeit ist kraftvolle Auseinandersetzung mit sich selber und mit den Beziehungen, in denen ich stehe. »Laborare« ist eine Erkenntnis, die mich auffordert zu fragen, worin die vielfältigen Ursachen liegen und welche Wege mich in diese Situation geführt haben. Und Arbeit bedeutet vor allem die Fähigkeit zur Umkehr. Krankheit heilt nicht nur durch Medikamente, sondern sie heilt dann, wenn Menschen ihr Leben umstellen.

Umkehren muss ich dann, wenn ich an eine Grenze stoße. Ich kann nicht ewig an die Betonmauer fahren und mich so lange verletzen, bis ich tot bin.

Oft ist es eine Sternstunde, wenn ich zwar an eine Mauer gefahren bin und einigen Schaden abbekommen habe, ich aber doch einsehe, dass mein bisheriger Fahrstil zu nichts anderem geführt hat als zu einem erheblichen Schaden an Leib und Seele.

Das beste Stück ist nie groß genug

Dr. Roth war ganz in sich zusammengesunken. Die Finger der einen Hand suchten unruhig die der anderen und fanden sie nicht mehr, obwohl sie sich berührten. Die Augen starrten auf die Finger, aber sie gingen ins Leere. Ich war mir fast sicher, dass er sie nicht wahrnahm. Seine Stimme war tonlos und ohne Kraft.

»Ich bin am Ende. Bitte, helfen Sie mir, sonst ist es aus. Ich habe keine Kraft mehr zum Leben, nicht einmal mehr zum Sterben.«

Flehend schaute er mich an, wie ein Verdurstender in der Wüste. Stockend, mühsam erzählte er mir seine Geschichte.

Ein erfolgreicher Chirurg sei er gewesen bis vor einigen Monaten. Er hatte eine kleine Privatklinik aufgebaut für Schönheitsoperationen und sie erfolgreich mit einem Kollegen geführt. Sie hatten genug Patienten, mehr Frauen als Männer, und alle seien mit der Arbeit zufrieden gewesen. Sie wollten die Klinik noch erweitern, da aber überfiel Dr. Roth eine Tinnitusattacke. Eine schwere Depression prägte sich aus. Medikamentöse und klinische Behandlungen brachten eher eine Verschlechterung als eine Heilung. Der Kollege riet ihm zur Aufgabe seiner Arbeit. Fast wurde er hinausgemobbt. Seine Schlaflosigkeit hatte er nur mit Medikamenten im Griff. Und langsam, aber sicher, schien auch die bisher gute Beziehung zu seiner Frau in die Brüche zu gehen.

Er war in einer wohlhabenden Unternehmerfamilie aufgewachsen. Das Verhältnis zum Vater sei nur deshalb schlecht geworden, weil er den Betrieb nicht übernehmen wollte und dann Medizin studierte, wieder als Bester des Jahrgangs, belohnt mit einem Stipendium in den USA. Mit dem Vater sei er versöhnt. Mit der Mutter gab es nie große Probleme.

Eine Familie ohne besondere Probleme, eine gute Karriere, eine intakte Beziehung, das alles war zu schön, um wahr zu sein. Warum gab es den Einbruch in Form einer Depression?

Überarbeitet sei er nicht gewesen. Er habe regelmäßig Sport getrieben und sich fit gehalten. Man sah es dem hochgewachsenen, blonden, blauäugigen Mann immer noch an, wie attraktiv er wohl gewesen ist und immer noch war. In der Familie kamen keine Depressionen vor. In der Schule gehörte er immer zu den Besten.

Er schäme sich so sehr für seine Depressionen, für seinen Zustand. Am liebsten wollte er gar nicht darüber reden. Aber es war eine Qual. Zum Schluss sagte er noch: »Glauben Sie an Dämonen? Vielleicht bin ich besessen und weiß es nicht.«

Es war eine Wüstenerfahrung, die er durchmachte. Und in diesen Wüstenerfahrungen tauchen immer wieder die Bilder von Dämonen auf, von Wirkmächten, die in unserer Fantasie, in unserer Seele, buchstäblich vor unseren Augen tanzen und uns »verrückt« machen.

Wie war dieser Mann in diese Wüste geraten? Alles war so normal – alles, bis auf diese Aussage: »Ich schäme mich so …«

Wofür schämte er sich? Es musste ein großer Schmerz sein, der ihn lähmte. Gab es einen Fehler, ein Versagen, eine Blamage in seinen Augen oder in den Augen anderer?

Für Schuld kann man um Verzeihung bitten und sie wiedergutmachen. Ein Schamgefühl überwältigt und lähmt. Es demütigt und stellt bloß. War die Depression, die Krankheit, der Tinnitus die einzige Fluchtmöglichkeit, um sich der Häme, dem Mitleid oder der Verachtung zu entziehen?

Doch diese Flucht gelang nicht. Die Wüste der Depression konnte nicht das Gefühl »Ich bin wertlos und gelähmt«

verhindern. Äußerlich war nichts wahrzunehmen. Es musste eine innere, unsichtbare Wunde geben, die das Gefühl von Wertlosigkeit und Lähmung auslöste, die den scheinbar blühenden Lebensgarten in eine trostlose Wüste verwandelte.

Vorsichtig fragte ich: »Könnte es etwas in Ihnen oder an Ihnen geben, wofür Sie sich abgrundtief schämen?« Er starrte mich an und fing an zu weinen. »Woher wissen Sie ... Nein, nein, nicht schon wieder. Ich schäme mich so ...«

Er weinte wie ein kleines Kind, das sich bei einer schrecklichen Tat ertappt fühlte. Ich antwortete ihm: »Ich weiß gar nichts. Ich möchte nur helfen, dass Sie darüber sprechen können, wofür Sie sich schämen.«

Tränen der Scham, der Trauer, des Schmerzes liefen über sein Gesicht. Fast unhörbar brachte er es heraus: »Mein Penis ist viel zu klein. Ich bin kein Mann.«

In einem einzigen Augenblick breitete sich vor mir das Elend dieses Mannes aus, das Elend und die Scham so vieler Männer, die ihre Potenz und Person, ihre Leistung und ihr Menschsein mit dem Lineal und der Stoppuhr messen und meinen, weder sich selbst noch anderen zu genügen. Es geht dabei weder um ein objektives Maß, schon gar nicht um sexuelle Möglichkeiten, sondern um das Gefühl – was immer ich auch tue – ich bin zu klein, zu mickrig. Ich tauge nichts. Ich bin nichts wert. Unsere maßlose Gesellschaft, die Gigantomaniewerbung, Medien, Perfektionsmedizin und Allmachtswahn tun ein Übriges und messen an Äußerlichkeiten einen Menschen. Aber es ist vermessen, einen Menschen so zu messen. Mit Schamesröte im Gesicht erzählte mir Dr. Roth von seinen Versuchen, seinen Makel zu beheben. Potenz- und wachstumsfördernde Mittel hatten nichts genützt, genau so wenig wie eine heimliche Operation in einer Klinik im Ausland. Schon sehr früh hatte er sich von allen gemeinsamen Sportaktivitäten mit Gleichaltrigen zurückgezogen, nachdem er in einer Gruppe Gleichaltriger mit einem Sexheft und der Frage nach seiner Potenz konfrontiert worden war. Der Titel der Reportage wurde für ihn zum Maßstab: »Er ist einen halben Meter lang, hart wie Kruppstahl und macht die ganze Nacht nicht schlapp.«

Dr. Roth ging einen langen und mühsamen Weg. Im Gespräch begann er langsam über die Geschichte seiner Selbstentwertung zu sprechen. Höchstleistungen waren immer gefordert und nie gut genug. Über eine Kommastelle hinter dem Einser in der Notenbewertung durfte nie gesprochen werden. Und er hatte immer alle Erwartungen »sehr gut« erfüllt durch brillante Leistungen, durch tadelloses Benehmen und dann auch noch durch ein ausgeklügeltes Fitnessprogramm. Mit hartem Bodystyling hatte er sich einen Waschbrettbauch und den Körper eines Supermodels angeeignet. Und niemand, auch er selbst nicht, ahnte, dass er seine Seele deformierte.

Als er von seinen schulischen Leistungen erzählte, sagte er wie beiläufig: »Der Vater sagte über das Zeugnis mit dem besten Klassenschnitt: ›Das Beste ist nie gut genug!‹«

Ich wiederholte: »Das beste Stück ist nie groß genug!«

»Das hat er nicht gesagt, aber Sie haben recht: ›Das beste Stück ist nie groß genug!‹ Das hat man mir eingebläut, und ich habe es geglaubt.«

Das beste Stück ist wirklich nie groß genug, vor allem dann, wenn Menschen immer zu kurz gekommen sind und ihr Menschsein mit ihrem Äußeren, mit ihrer Leistung gleichgesetzt wird.

Dr. Roth lächelte ein wenig und wiederholte: »Das beste Stück ist nie groß genug. Das ist eine Realität, und ich werde sie akzeptieren.« Das war eine Sternstunde nach einem langen Wüstenweg.

Ich verstehe nichts mehr

In der Wüste des Lärms

Oft ist es so laut um mich herum, dass ich mich selbst und schon gar nicht mehr andere oder irgendetwas verstehe. Die meisten E-Mails überschwemmen mich mit Pseudo-Informationen, die völlig unwichtig sind. SMS und Handy zwingen mich oft dazu, einfach das Gerät auszuschalten, damit ich wie der Vogel Strauß den Kopf in den Sand stecken kann, um einfach zu überleben.

Einmal wollte ich meine Schüler verstehen und ging mit ihnen in eine Disco. Da verstand ich nichts mehr, weder mich noch sie noch irgendetwas.

Und dabei entdecke ich an mir selbst, dass ich immer wieder einmal das Radio oder den Fernseher einschalte, um mich berieseln zu lassen. Aber ich nehme nichts mehr wahr. Ich muss nur einmal den Versuch machen und ein paar Tage lang kein Radio und keinen Fernseher mehr einschalten. Das ist dann eine große Erleichterung und ein Durchatmen der Seele.

Manche Menschen werden taub oder blind, damit sie nichts mehr sehen oder hören müssen. Manche werden krank, damit sie sich gegen die Flut des Lärms wehren können. Das Schlimmste dabei ist, dass ich doch wirklich gerne mich und andere verstehen würde. Aber der Lärm, die Flut der Informationen, die Macht der Geräusche nehmen mir meinen eigenen *Standpunkt*, und ich kann nicht mehr verstehen und nicht mehr stehen. Wenn ich aber nicht mehr stehen und verstehen kann, wenn ich keinen Standpunkt mehr habe, dann kann ich auch nicht mehr gehen und mich nicht mehr bewegen.

✶ *Wir leben auf einer Müllhalde der Pseudokommunikation.*

Die Massenkommunikationsmittel, die eigentlich dazu verhelfen sollten, dass die Kommunikation unter den Menschen besser wird, haben durch ihren inflationären Gebrauch genau zum Gegenteil geführt. Trotz des Handy-Booms werden Menschen einsamer. Gespräche führt man nicht mehr, sondern man schickt sich mehr oder weniger anonym SMS. All diese Dinge liegen um uns herum wie die Versatzstücke auf dem Flohmarkt oder wie die stinkende Flut auf einer Müllhalde.

Ich glaube, dass wir deshalb nicht mehr miteinander reden und uns nicht mehr verstehen können, weil wir verlernt haben, aufeinander zu hören. In Österreich gibt es vor Weihnachten zugunsten benachteiligter Menschen eine Spendenaktion mit dem Namen »Licht ins Dunkel«. In der Fernsehwerbung für diese unglaublich effektive Aktion spricht ein Kind die Worte: »Ist da jemand?« Kommunikation, Worte, Gedanken häufen sich deshalb immer mehr zu Müllhalden an, weil da niemand mehr ist, der wirklich hört.

✷ *Stille und Schweigen sind die Sterne in der Nacht des Lärms.*

Stille und Schweigen helfen mir zu hören. Nur dann, wenn ich hören kann, kann ich reden und verstehen. Stille und Schweigen verwandeln den Lärm. Sie reinigen mich und andere durch das aufmerksame Zuhören und Lauschen und geben Zeichen der Solidarität. Sie signalisieren wie kaum eine andere Haltung, dass ich wirklich da bin und versuche zu verstehen.

Stille und Schweigen sind nicht ein erzwungenes »Den-Mund-Halten«. Sie öffnen Augen und Ohren, Mund und Hände und vor allem das Herz.

Bei einem Menschen, der mir aufmerksam schweigend und hörend gegenübersitzt, brauche ich auch keine Angst zu haben, dass er mich mit seinem Leben, mit seinem Lärm überflutet.

»Sie haben mich getröstet, obwohl Sie fast nichts gesagt haben, sondern nur zuhörten«, hat mir einmal ein Besucher gesagt. Ich setze mich auch nicht mehr unter Druck, alle Probleme zu lösen und alle Fragen zu beantworten, obwohl ich immer wieder meine, dass das notwendig und richtig wäre.

Die drei kleinen Bässe

Ich hatte leider keine Karten mehr bekommen zur Abschiedsgala der drei großen Tenöre José Carreras, Placido Domingo und Luciano Pavarotti. Ich war traurig darüber, denn diese Abschiedsvorstellung hätte ich mir gerne gegönnt. Eine Sternstunde der Musik, so hieß es auf dem Plakat. Es sollte nicht sein, und ich musste mit geringeren Dingen zufrieden sein.

Es war nicht an diesem Abend, sondern einige Tage später, als wir überraschend Besuch in unserem Kloster bekamen. Es war Wochenende, und das Gästehaus war geschlossen, sodass sich die kleine illustre Gesellschaft in einer Nachbarpension einquartierte. Bei diesem Besuch handelte es sich um drei fromme, begeisterte und mitten im Leben stehende Personen. Ein junger Automechaniker, der bei BMW arbeitete, ein etwas korpulenter Metzgermeister und eine ältere Dame, die sie alle nur die Oma nannten. Diese drei hatten den Weg ins Kloster gefunden, weil ihnen unser Kloster sehr zu gefallen schien, unser Lebensstil sie beeindruckte und das Gebet sie sehr bewegte. Sie waren fest entschlossen, an allen Teilen des klösterlichen Lebens teilzunehmen, vor allem am gemeinsamen Gebet der Mönche.

Ich glaube, sie waren noch nie dem Choralgesang begegnet. Trotzdem schnappten sie sich das Choralbuch und legten sich beim Gesang so ins Zeug, dass sie nicht nur die Mauern von Jericho erschüttert hätten, sondern auch den Gesang unserer kleinen Mönchsgemeinschaft schwer in Bedrängnis brachten. Aber sie ließen sich nicht beirren. Es schien, als hätten sie auf diese Gelegenheit nur gewartet, denn je leiser wir sangen, desto lauter wurden sie. Den Gipfel erreichte dieses Trio der drei Bässe (Bässe deswegen, weil sie den Ton nicht halten konnten, sondern irgendwo in den Tiefen herum grundelten, und zwar nicht nur die beiden Männer, sondern auch die Oma), als sie nach der Komplet mit uns zum Salve Regina zogen. Sie hatten dieses Lied noch nie gehört, wie sich später herausstellte, aber sie ließen keine Note und keine Silbe aus. Der Lobgesang der Gottesmutter erstarb uns auf den Lippen – ihnen nicht. Es war für mich eine schwierige Situation.

Das Chorgebet ist in einem Benediktinerkloster eine äußerst sensible Sache, man kann damit viel Gutes tun und auch viel Unheil anrichten. Der heilige Benedikt selber verwendet viel Mühe auf die Ordnung des Chorgesangs. Und er sagt natürlich auch, dass diejenigen, die nicht so gut singen können, sich dabei etwas zurückhalten sollten. Aber sagen Sie das mal jemandem. Und so machte ich also den ersten Versuch einer Intervention und fragte, wie ihnen denn das Chorgebet gefalle. Alle drei nickten mir begeistert zu und sagten, sie fänden das wunderbar, denn bei allen Versuchen, mit Mönchen gemeinsam zu singen, seien sie bis jetzt gescheitert. Die Mönche hätten immer irgendwelche merkwürdigen Argumente gehabt, um sie vom Mitsingen abzuhalten. Erst bei uns sei es ihnen gelungen, wirklich von ganzem Herzen mitzusingen.

Es ist schwer, wenn sich jemand mit ganzem Herzen für eine Sache engagiert, dieses Engagement wirklich zu achten, ihm Respekt entgegenzubringen, auch dann, wenn das Herz desjenigen, der sich so engagiert, Purzelbäume schlägt vor Begeisterung und Freude, während das Ergebnis – hier der Gesang unserer drei Besucher – zu wünschen übrig lässt. Man sieht und hört nicht mehr.

Es ist schwer, jemanden zu bremsen, wenn es um innere Bewegungen geht, wenn sich jemand mit Liebe, Freude und Engagement für etwas einsetzt. Vor allem dann, wenn sich jemand für das Gebet einsetzt, ist es schwierig, ihm Grenzen zu setzen. Hier sind Menschen am allerempfindlichsten. Ich meine, dass dies immer beachtet werden muss, auch beim Singen und bei der Musik ist es so. (Besonders in der Advents- und Weihnachtszeit nimmt das oft dramatische Züge an. Da werden in Familien, wenn alle um den Adventskranz herum oder unter dem Weihnachtsbaum sitzen, ganze Dramen ausgefochten, und niemand ist beunruhigter als diejenigen, die sich den Gesang, oder das, was andere dafür halten, anhören müssen. Vor allem, wenn wir es nicht gewohnt sind zu singen und dann singen müssen, geht es meistens nicht so, wie wir uns das vorstellen.)

Wir haben öfter einmal einen Gast im Kloster, der singt aus Leibeskräften und zum Herzerweichen mit im Chorgebet. Er glaubt, er muss den Chor der Brüder wie Caruso retten. Er macht die Augen und die Ohren dicht und singt und schreit wie ein balzender Auerhahn, zwar mit ganzem Herzen, aber allen anderen steht der Schweiß schon auf der Stirne.

Es ist eine Sternstunde, wenn sich Menschen von ganzem Herzen zum Gotteslob hingezogen fühlen. Es ist aber auch eine Sternstunde, diesen Eifer, diese Liebe und diese Hingabe so zu kanalisieren, dass das Engagement und der Einsatz der anderen nicht untergeht, sondern dass alles zusammenwirkt. Ich glaube, dass viele Sternstunden, die zu Schrecksekunden werden, verwandelt werden können, wenn wir uns früh genug der Möglichkeiten und Bedingungen bewusst werden, die wir haben. Es gibt nichts Schöneres, als wenn Menschen zur größeren Ehre Gottes gemeinsam singen und arbeiten. Aber noch schöner ist es, wenn sie wirklich aufeinander hören, bevor sie zu singen anfangen. Dann ist wirklich eine Sternstunde gekommen.

Wie die Maus vor der Schlange

In der Wüste der Lähmung

Es gibt diese Schrecksekunden im Leben. Da komme ich mir vor wie die Maus vor der Schlange, die sich nicht mehr bewegen kann, die auch nicht mehr flüchten kann. Ich habe so viel Angst, und es ist wahrscheinlich, dass ich gefressen werde. Manchmal ist es sogar so, dass ich immer noch rede und gehe und so tue, als ob nichts wäre. Aber im Innern bin ich zutiefst erschrocken und gelähmt. Die Maus klagt nicht vor der Schlange. Sie zittert nicht einmal mehr. Der Lebenswille ist gelähmt. Ich erlebe dies, wenn ich anderen Macht über mich gebe oder andere Macht über mich haben und ich mich nicht mehr wehren kann. Es ist eine große Ausweglosigkeit. Oft ist wirkliche Lähmung die Folge. Das Herz steht still. Die Gehirnströme dürfen nicht mehr arbeiten. Ein Teil meines Körpers verliert seine Funktion, obwohl nach außen hin alles noch heil ist. Es ist so, als ob das Licht ausgelöscht worden wäre, vor allem das Lebenslicht, das im Innern eines jeden Menschen brennt.

✷ *Es rührt mich nichts mehr an.*

Lähmung kann uns wie ein Blitzschlag treffen. Sie kann sich aber auch schleichend ausbreiten. Vor allem dann, wenn wir uns selber panzern und unberührbar werden. Ich lasse dann keine Bewegung mehr in mich hinein und auch keine Bewegung mehr aus mir heraus. Manche nennen das heute »cool« und meinen, dass sie sich so am besten bewegen können. In Wirklichkeit sind sie schon zu Eiszapfen erfroren. Mir begegnet diese Erstarrung nicht nur in meinem eigenen, sondern auch im Pokerface anderer. Die Angst ist zu groß, als dass sie sich noch selbst bewegten. Und noch größer ist die Angst, sich berühren zu lassen oder berührt zu werden. Die Berührungen anderer prallen an uns ab, denn wir haben uns einen Panzer zugelegt. Sind wir selbst angefressen, werden wir gefressen. Es regiert das Faustrecht des Stärkeren, das ich bis jetzt selbst praktiziert habe, und dem ich nun in meinem Gegenüber begegne.

Es gibt keine Bewegung mehr. Weder die Bewegung des Tanzes noch die Bewegung des Lachens noch des Weinens. Es gibt nicht mehr die Bewegung des Sehens und des Hörens. Und irgendwann einmal hört das Herz auf, sich zu bewegen. Das ist Wüste pur.

Kleine Bewegungen verwandeln das Herz.

In den Psalmen steht einmal: »Du hast meine Klagen, meine Trauer, meine Lähmung in Tanzen verwandelt« (nach Psalm 30). Aber wie kann dies geschehen? Wie kann sich die Lähmung wieder in Bewegung verwandeln? Bevor sich eine Lähmung verwandeln kann, muss ich die Bewegung des Lebens in mir selber wieder wahrnehmen. Ich muss das Schlagen des Herzens wahrnehmen, wie schnell oder langsam, wie heftig oder ruhig es auch ist. Ich muss die Bewegung meines Atems wahrnehmen, ob er flach ist oder tief, ob er hektisch ist oder ruhig. Je mehr ich zur kleinsten innersten Bewegung zurückfinde und diese Bewegung wahrnehme, desto mehr gewinne ich wieder Handlungsspielräume in mir und auch nach außen hin.

Wandlung ist Bewegung. Je kleiner und je innerlicher diese Bewegungen sind, desto mehr verwandelt sich die Bewegung nach außen. Manchmal ist es auch heilsam, wenn ich lächle. Wenn sich Gesicht, Herz und Leib verspannen, brauche ich unendlich viel Kraft. Wenn es gelingt zu lächeln, löst sich nicht nur die Verkrampfung des Gesichtes und die Verkrampfung des Herzens, sondern die Verkrampfung des ganzen Leibes. Lächeln ist der Ausdruck, dass die Seele wieder tanzen kann. Vielleicht ist es dann sogar möglich, über die Schlange zu lachen, die mich gelähmt hat.

Ich habe mir vorgenommen, wenn ich wieder einmal so gelähmt wie die Maus vor der Schlange sitze, dann werde ich sagen oder mir zumindest denken: »Guten Appetit. Du wirst dich wundern. Ich bin ein zäher Brocken.«

Von wem willst du gelobt werden?

Auch wenn wir es nicht zugeben, aber hin und wieder brauchen wir das Lob, die Ermutigung und auch die Bestätigung. Es ist gut und richtig, für das, was wir tun, die Anerkennung zu erhalten. Ohne diese Anerkennung, ohne dieses Lob wird das Leben oft sehr schwer, und wenn ich selbst nicht spüre, dass das, was ich tue, gut ist, bin ich nicht bereit, weiter Gutes zu tun.

Meistens erwarten wir dieses Lob von jemandem, der nicht dazu in der Lage ist. Wir achten nicht das Lob derer, die uns verstehen und uns begleiten. Es sind diejenigen, die uns kennen und wissen, was es bedeutet, wenn wir uns innerlich und äußerlich engagieren. Dieses Lob und diese Ermutigung nehmen wir meistens als Selbstverständlichkeit an und achten beides nicht, obwohl es genauso kostbar ist wie das Lob von irgendjemandem, der uns gar nicht oder nur vage kennt, der uns wirklich fremd ist. Wir sind beleidigt, wenn wir keine Anerkennung bekommen. Dabei ist es so eine Sache mit dem Lob und der Anerkennung. Oftmals wird eigentlich nur festgestellt, was gut und selbstverständlich ist. Das Herzblut, das ein Mensch in eine Sache hineingelegt hat, ist doch nur sehr begrenzt von außen wahrnehmbar. Und doch ist es die Aufgabe eines jeden, sich nicht nur selbstgefällig auf die eigene Schulter zu klopfen, sondern das Leben voll Engagement, Liebe und Herzlichkeit zu gestalten. Und dafür wollen wir auch ein wenig Lob und Anerkennung erhalten.

Und doch ist es mit dem Lob eine zweischneidige Sache. Ich habe einmal eine Sternstunde erlebt, die mir gezeigt hat, wie wichtig es ist, bei Lob und Anerkennung auch eine andere Seite zu bedenken.

Es war kurz nachdem ich meine Tätigkeit an einer Klosterschule mit vielen neuen Ideen, mit Schwung und Elan aufgenommen hatte. Ich wollte etwas bewegen für die Lehrer und die Schüler, für die ganze Schule. Ich hatte mich wirklich, wie man so sagt, reingehängt und mit aller Kraft das Äußerste getan und gewagt.

Viele Stunden habe ich für die Ausarbeitung eines neuen Lehrplans aufgewendet, viele Nächte an Informationen für

Eltern und Kollegen gefeilt. Und dann kam die große Weihnachtsfeier des Lehrerkollegiums, bei der der Chef normalerweise das Jahr »Revue passieren« lässt und die einzelnen Mitglieder des Kollegiums entsprechend würdigt. Natürlich habe ich so getan, als ob ich nicht damit rechnen würde, auch erwähnt zu werden. Aber heimlich habe ich gehofft. Der Gewinn des Handballpokals, die Prämierung des Physikerwettbewerbes und sogar die Leistung der Reinigungsfrauen wurde explizit gewürdigt. Aber von mir und dem, was ich getan hatte, war keine Rede.

Ich war enttäuscht. War ich nichts wert, oder war das nichts wert, was ich getan hatte? Weihnachtsfeiern dieser Art können fürchterlich enttäuschend sein, auch wenn sie so nicht geplant sind. Da nützt es dann auch nichts, wenn man sich sagt: »Die Rechte soll nicht wissen, was die Linke tut.« Irgendwie tut es einfach weh. Ich war verletzt, weil ich doch auch alles getan hatte, was ich konnte, und nun mit nichts dastand. Ich ließ es mir nicht anmerken, aber niedergeschlagen war ich schon am Abend nach dieser »Feier«.

Enttäuscht saß ich in meinem Büro. Da läutete das Telefon. Am anderen Ende der Leitung war meine alte Lehrerin Ruth Cohn. Nach einigen belanglosen Worten fragte sie mich plötzlich: »Was ist mit dir los? Bist du traurig? Niedergeschlagen? Was ist mit dir geschehen?«

Zuerst wollte ich nicht darüber sprechen, weil es nun einmal sehr schwer ist, über gekränkte Eitelkeit zu sprechen, aber dann brach es aus mir heraus, und ich erzählte ihr davon, dass ich nicht beachtet, nicht gelobt worden war. Sie hörte sich geduldig mein Leid an, und ich spürte, dass sie mir wirklich zuhörte. Nach einiger Zeit fragte sie: »Von wem willst du gelobt werden?« »Was heißt das?«, antwortete ich. »Was willst du wissen?« Sie sagte noch einmal: »Von wem willst du gelobt werden?« »Ich möchte gerne für mein Tun und für meinen Einsatz anerkannt sein. Ich möchte wertgeschätzt werden.« »Aber von wem willst du wertgeschätzt werden?« Es folgte eine lange Pause im Gespräch, und dann sagte sie, und es schien ihr sehr ernst zu sein: »Willst du von Hitler gelobt werden oder von Stalin?« Ich war sehr betroffen. Natürlich wollte ich nicht von Hitler oder Stalin gelobt werden. Nach einiger Zeit sagte sie: »Überleg dir doch, dein Direktor sieht nicht, was du tust, und er kann es deshalb auch nicht anerkennen. Er hat kein Sensorium dafür. Er muss ja deshalb kein schlechter Mensch sein. Aber er spürt nicht, was dir wichtig ist, und du willst, dass er dich anerkennt. Von Hitler und Stalin willst du nicht gelobt werden, aber von jedem anderen. Vielleicht solltest du dir wirklich überlegen, von wem du gelobt werden willst. Wer dich anerkennen soll und von wem du diese Anerkennung auch hören willst.«

Das war eine Sternstunde mit einer tiefen Erkenntnis. Seitdem bin ich mit mir und mit anderen geduldiger, wenn es um Lob und Anerkennung geht. Ich hatte versucht, durch mein Verhalten andere zu erpressen, sie sollten mir Lob und Anerkennung geben, obwohl ich wusste, dass sie das, was ich dachte, was ich tat und wie ich handelte, gar nicht sehen oder einschätzen konnten.

Jetzt genügt es mir oft, von einem einzigen Menschen zu hören, dass er sieht und wahrnimmt, was mit mir und mit meinem Leben geschieht. Oft freut mich inzwischen der Blick eines Menschen und ein Händedruck mehr als eine lange Dankesrede.

Im Laufe der Zeit habe ich auch gemerkt, dass diese langen Dankesreden nicht meine Sache sind, obwohl ich immer wieder darauf hereinfalle und sie mir doch in irgendeiner Weise guttun. Ich merke aber von Mal zu Mal mehr, dass ich nicht vom Lob der anderen und deren Anerkennung abhängig bin.

Das schönste Lob und die beste Anerkennung ist das Leben selbst. Wenn ich sehe, dass durch mein Denken und Tun und durch meine Mitarbeit dem Leben Raum gegeben wird und das Leben neu entsteht. Wenn eine Pflanze Wurzeln schlägt und wächst, wenn ein Mensch getröstet oder gestärkt aus einem Gespräch hinausgeht, wenn jemand, der alle Freude und Lust am Leben verloren hat, durch einen Gedanken, durch eine Predigt oder durch ein Buch zu einem neuen Lebensweg angeregt und ermutigt wird, dann merke ich, dass ich Dankbarkeit und Freude spüre.

Ich habe mir vorgenommen, meinen Mitmenschen den kleinen und großen Dank immer, so gut es mir möglich ist, zu zeigen. Oftmals übersehe ich Dinge, die wichtig wären, und das ist sehr bedauerlich. Aber es gibt eine Zeit, am Abend, beim Nachtgebet der Mönche, da lege ich meinen Dank und meine Bitte in mein Gebet hinein. Es ist nicht nur der Dank an Gott, den ich da ausspreche, sondern auch der Dank an die vielen Menschen, die mir jeden Tag begegnen und mir helfen zu leben. Ich hoffe sehr, dass es mir über dieses Gebet hinaus gelingt, auch diesen Dank zum Ausdruck zu bringen, denn die Dankbarkeit ist der Schlüssel zur Freude. Es lässt sich einfach ein wenig leichter leben, wenn wir unsere Anerkennung und vor allem unsere Dankbarkeit Menschen gegenüber zum Ausdruck bringen, die uns Gutes getan haben.

Wenn wir in die Falle der Illusionen tappen

In der Wüste falscher Vorstellungen

Es passiert nicht nur den Wüstenfahrern, sondern ist eine alltägliche Realität, dass wir in der Hitze des Tages, mit Durst und Hunger, erschöpft und ausgelaugt, erbarmungslos getrieben unseren inneren Blick auf ein Ziel wenden und oft nicht mehr finden. Da taucht vor unseren Augen in unserer Fantasie oder in unserem Herzen das wunderbare Bild einer Oase auf. Das Bild eines Ortes, an dem ich mich ausruhen könnte. Die Wüstenfahrer warnen davor, weil es jedem, der durch die Wüste geht, zur Falle werden kann.

Die Fata Morgana des Alltags ist die Fantasie unserer Illusionen. Wie oft mache ich mir selbst etwas vor über mich, meine Fähigkeiten, meine Kräfte und meine Möglichkeiten. Wie oft mache ich anderen das Gleiche vor? Wie oft träume ich von dieser wunderschönen Oase des Friedens, der Regeneration und der Erholung und verliere dabei mich und die Realität des Augenblicks völlig aus dem Blick.

Es geht oft nicht so, wie ich will. Ich erreiche nicht immer das Ziel, das ich mir wünsche. Ich gaukle mir vor, wie es sein könnte. Und doch ist es nicht so. In meiner Fantasie täusche ich mich selbst und andere. Wenn ich nicht auf meinen Weg achte, wenn ich mich nicht wieder sehr konzentriert meinem eigenen Gehen, meinem Standpunkt zuwende, wenn ich meinen Blick nicht von dem wirklichen oder vermeintlichen Ziel abwende, um das Hier und Jetzt, die Gegenwart, meinen Weg, mein Gehen wahrzunehmen, laufe ich Gefahr, nie mehr aus der Wüste herauszukommen.

✳ *Eine Fata Morgana ist das Gegenteil von einem Stern.*

Erfahrene Wüstengänger wissen, dass wirkliche Orientierung in der Wüste nur mitten in der Nacht mithilfe der Sterne möglich ist. Wer da geht, darf sich nicht leiten lassen von der Illusion einer Oase, die ganz in der Nähe zu sein scheint, sondern muss sich auf den Weg und die Schwierigkeiten des Weges konzentrieren.

Es geht nicht so, wie ich will. Ich kann nur gehen und mich dem Gehen überlassen. Die einzige Möglichkeit, wirklich aus diesem Teufelskreis der Illusionen herauszukommen, besteht darin, diese Fantasien als solche zu erkennen und sich von ihnen nicht täuschen zu lassen. Es sind nur Fantasien und keine Realität.

✳ *In der Enttäuschung liegt die Chance.*

Enttäuschungen sind bitter und tun weh. Aber sie nehmen alle Täuschungen von uns weg, vor allem die Täuschungen, die sich in den Bildern der Angst unseres Herzens aufgebaut haben.

Enttäuschungen sind vor allem dann bitter, wenn wir Menschen oder Dingen vertraut haben, von denen wir glaubten, dass wir mit ihnen sicher unterwegs sind. Allzu oft muss ich Abschied nehmen vom Bild eines Menschen, das ich mir gemacht habe.

In der Enttäuschung liegt die Chance für Wahrheit. Es ist zwar nicht leicht, aber es steckt sehr viel Wahrheit in der Aussage: »Lieber ein Ende mit Schrecken als ein Schrecken ohne Ende.«

Vielleicht zeigt mir der Stern, der mich enttäuscht, weil er mir einen ganz anderen Weg aufzeigt als den, den ich mir vorgestellt oder gewünscht hätte, dass ich mich selbst auch verändern und verwandeln muss. Vielleicht täusche ich mich auch in mir selber. Wenn ich nur eine Illusion, eine Fantasie gelebt habe, dann habe ich mir damit ja auch sehr viel Unrecht getan, und es ist allerhöchste Zeit, dass ich nicht nur einer Vorstellung, einem Wunschbild von mir nachlaufe, sondern mich selbst annehme und liebe.

Die Talkshow

Natürlich war ich einigermaßen geschmeichelt, als ich erfuhr, dass mich ein großer deutscher Sender und ein bekannter Talkmaster in die Talkshow einladen wollten. Ich hob also gerne den Hörer ab, um mit dem berühmten Mann, den ich vom Bildschirm her kannte, zu sprechen. Mit eindringlicher, nicht unangenehmer Stimme wollte er mir die Sache mit der Talkshow schmackhaft machen.

»Stellen Sie sich vor, Sie erreichen mit der Sendung mehrere hunderttausend Menschen. So ein großes Publikum haben Sie sonst nirgends, in keiner Kirche – nirgendwo. Und der Umsatz Ihrer Bücher wird sprunghaft ansteigen, Sie bekommen einen Bekanntheitsgrad, den Sie bis jetzt nicht hatten.« Ich dachte mit Schmunzeln und Erstaunen an meinen Verleger, der diesen Deal eingefädelt hatte.

»Und ich weiß, wie toll Sie in Ihren Vorträgen agieren und reagieren. Sie haben ein paar tolle Sprüche drauf. Die brauchen wir. Nur ein Bespiel: ›Pater Johannes füllt Geist in Flaschen ab‹. Das wäre das Thema Ihrer Likörkellerei. Oder wenn wir über Kosmetik reden: Der Mönch, der alle Frauen anschmiert, ha, ha, ha. Das sind doch tolle Dinge. Ich bitte Sie, kommen Sie, Sie werden es nicht bereuen. Es könnte wirklich eine Sternstunde sein für Sie und für das Kloster. Außerdem können wir Sie für jedes Thema brauchen. Sie sind geradezu ein Universalgenie. Und wenn Sie einmal bei mir in der Show gewesen sind, dann werden Sie auch anderswo eingeladen. Ein Mann Ihres Kalibers wird immer wieder gesucht.«

Ich war geschmeichelt und davon angetan. So etwas lässt mich nicht kalt, auch einmal mit dabei zu sein bei denen da ganz oben. Ich weiß nicht und frage mich oft, warum die Menschen Talkshows anschauen. Vielleicht wollen sie ein Stück Leben, ein Stück Glück erhaschen, vielleicht sogar ein wenig Weisheit, Lebenserkenntnis und Lebensbewältigungsstrategien. Immer wieder suchen Menschen dies. Früher hat man Lebensbeschreibungen der Heiligen herausgegeben. Heute werden jede Woche im Fernsehen hunderte von Menschen ausgesaugt, um das letzte Tröpfchen Lebensblut in aller Öffentlichkeit zu opfern.

Es war keine billige Talkshow, sondern eine von den besten, sie spielt sozusagen in der Oberliga. Auch das hat mir geschmeichelt.

Und dann kam noch das Beste: »Ich mache Sie zu einem gesuchten Talkshowstar.« Da wurde mir klar, dass da ein Gott sprach. Es war zwar nur ein sehr kleiner lieber Gott, aber einer, der mit dem Leben und den Menschen handelt und sie zu etwas machen kann, wenn er will.

Es ist mir nicht leichtgefallen, diesen Karriereweg nicht zu gehen. Weiß Gott, wir könnten sie dringend brauchen, die paar hunderttausend Euro für unsere Friedenskirche und für ein paar andere sinnvolle und gute Anliegen. Aber so wollte ich es nicht machen.

Eine Talkshow ist keine Sternstunde für jedermann. In ihr ist alles grell und hell erleuchtet, auch wenn uns über den Bildschirm mittels gedämpftem goldbraunem Licht und Attrappen eine idyllische Szene vorgegaukelt wird. Sternstunden hüllen sich ins Dunkel. Sie ergeben sich aus einem tiefen inneren Lebensprinzip, das dem Plan des Schöpfers entspringt. Und dieser Schöpfer ist nicht der Zufall, sondern vielleicht die Gnade, für mich ganz sicher das Handeln Gottes.

Und dann geht es in einer Talkshow immer um schlagkräftige Worte, überzeugende Thesen, die provokant und treffend daherkommen. Heute werden sie gesagt, und morgen sind sie schon vergessen. Eine Sternstunde aber braucht meine ganze innere Achtsamkeit, meine Aufmerksamkeit, das Hören und die Stille. Jene Form von Ehrfurcht und Respekt vor dem Leben, die genau weiß, dass wir mit unserem Denken, Tun und Handeln nicht sehr viel erreichen können, es sei denn, dass wir uns noch mehr als bisher öffnen und uns dem Leben wirklich hingeben. In Erwägung all dieser Dinge habe ich an das Wort aus dem Matthäusevangelium denken müssen, als die Weisen aus dem Morgenland sagten: »Wir haben seinen Stern aufgehen sehen und sind gekommen, um ihn anzubeten.«

Und der Erste, zu dem sie gegangen sind, war Herodes in Jerusalem. Dort war das Leben nicht zu finden, weder das Ihre noch das Seine noch das Leben von Kindern und auch nicht das Leben Gottes. Einen Stern, den wir in der dunklen Nacht sehen, finden wir nicht an den Orten des großen Lichtes und der großen Shows, auch nicht der frommen Shows, der machtvollen Zeichen und Gebärden. Wir verlieren den Stern – wie die Weisen aus dem Morgenland in Jerusalem ihn verloren haben –, wenn wir uns täuschen lassen von dem Jahrmarkt der Eitelkeiten.

Aber Hand aufs Herz, ein wenig habe ich es bedauert, nicht dabei zu sein bei den großen Shows dieser Welt, weil ich vielleicht doch gehofft hätte, dass ich etwas Gutes bewirken könnte und weil ich mich in meiner Eitelkeit geschmeichelt fühlte und es mir natürlich etwas bedeutet, wenn die Menschen von mir reden und auf mich zeigen und sagen, dass sie mich kennen.

Also ist es doch eine Sternstunde geworden, im Nachhinein zumindest – beim Nachdenken über die Wahrheit, dass Talkshows nur äußerst selten wirklich einen Stern finden lassen.

Du bist nichts wert

In der Wüste der Entehrung

Die Würde des Menschen ist unantastbar. Allen Menschen gebührt Ehre und Würde in gleichem Maß. Wenn uns diese ganz normale Würde abgesprochen wird, dann werden wir zutiefst verletzt. Diese Verletzung wird dann sehr groß, wenn ich erkennen muss, dass ich betrogen werde. Dabei ist ein Betrug, bei dem es um Geld oder andere materielle Dinge geht, noch leichter zu verkraften. Viel schwieriger ist es, wenn Menschen einander in Beziehungen betrügen. Noch schlimmer ist es, wenn Menschen sich gegenseitig verachten, weil der Andere anders ist, als ich es bin. Weil er einen anderen Glauben, eine andere Hautfarbe, ein anderes Geschlecht hat, weil er eben anders ist als ich. Menschen fallen durch solchen Betrug in die tiefsten Tiefen der Verzweiflung hinein. Oft sehe ich in diesem Augenblick überhaupt keinen Ausweg mehr. Manche wagen es dann nicht einmal mehr, den anderen, der sie betrogen hat, auf den Betrug anzusprechen. Sie leugnen den Betrug. Sie machen sich etwas vor, nur um nicht wahrzunehmen, dass sie wirklich betrogen und durch den Betrug entwertet worden sind.

✶ *Lasse ich mich von anderen betrügen,*
so ist das Selbstbetrug.

Es ist gut, wahrhaftig mit sich selber und mit anderen umzugehen. Immer dann, wenn ich betrogen werde und dies nicht erkenne und anspreche, tue ich mir selbst Unrecht. Ich entwerte mich selbst immer mehr und mehr. Menschen, die betrogen werden, dürfen sich und andere nicht wieder dadurch betrügen, dass sie diesen Betrug schönreden, ignorieren und nicht ansprechen. Die Wüste beginnt nicht mit der schlimmen, schmerzhaften Erfahrung, betrogen worden zu sein, sondern sie beginnt damit, dass ich diesen Betrug nicht aufdecke, ihn irgendwie akzeptiere. Ich sehe oft keinen Ausweg mehr, wenn ich der Betrogene bin, weil ich Angst habe, dass meine Lebenssituation, dass die Umstände, die mein Leben bestimmen, noch sehr viel schlechter werden, als sie es bisher schon waren. Das ist zwar eine berechtigte Angst, aber ich muss mich dieser Angst stellen. Die Würde aller Menschen ist gleich. Ich habe meine Würde. Der andere hat seine Würde. Es mag beispielsweise sein, dass eine Beziehung zur Wüste wird und dass sich einer der Partner in einen anderen Menschen verliebt. Wenn dabei aber nicht die Würde des Einzelnen gewahrt bleibt, führt die immer größer werdende Entwertung des anderen zum seelischen Tod.

✶ *Ich betrüge mich nicht (mehr).*

Der Beginn des Wandels in Betrugsfällen ist das Aufdecken der Wahrheit und das Stehen zu sich selbst. Betrug entsteht häufig durch die Illusion, sich oder irgendjemandem das Leben auf eine illegale Weise zu erleichtern. Die Scherben der Enttäuschung, die ein Betrug auslöst, sind oft deshalb so schwer zu kitten, weil dabei mindestens ein Mensch in seinem Innern, in seinem Wesen entwertet worden ist.

Außerdem ist es wichtig zu erkennen, dass ich immer dann, wenn ich einen anderen betrüge – auch wenn ich scheinbar einen äußeren Gewinn damit erziele – selbst der eigentlich Betrogene bin. Denn die Entwertung eines Menschen, seine Entwürdigung fällt immer auf mich selbst zurück. Zu den großen Erkenntnisschritten in einem solchen Betrugsfall gehört auch, dass der Betrogene erkennt, welche Dinge er nicht gesehen, beachtet, erkannt, angesprochen oder verändert hat. Es geht dabei nicht um Schuldzuweisung, sondern darum, in der Dunkelheit des Betrugs den Stern der Wahrheit zu finden.

Keiner von uns besitzt die ganze Wahrheit und keiner von uns macht alles richtig. Nüchtern müssen wir erkennen, dass wir immer wieder uns und andere betrügen. Der einzige Stern der Hoffnung in einer solchen Situation ist, den anderen um Verzeihung zu bitten und selbst verzeihen zu können, denn Betrug kann niemals durch Geldbeträge aufgewogen werden.

Das Beste geben

Sternstunden kannst du nach Jahren und Jahrzehnten noch einmal erleben, sie bleiben in uns verankert. Manchmal legt sich zwar der Schleier des Vergessens oder ein Nebel des Nichterinnerns darüber, aber im Inneren gibt es sie noch. Sie haben ihre Spuren hinterlassen, und wir spüren sie, als sei es erst gestern gewesen. Man kann sie beschreiben, so als seien nicht Jahre seitdem vergangen. Als würde noch einmal ein Film ablaufen. Du riechst die Speisen wieder oder nimmst den Geruch des Holzes in einem Raum wahr. Du siehst eine Türe, ein Haus, Menschen, ein Zimmer. Du hörst ihre Stimmen. Du siehst ihre Gesichter, und noch einmal ist es so, als ob du ihre Worte hörst und deine eigenen dazu. Du spürst die abgegriffene Klinke, durch die du eingetreten bist in einen Raum der Erfahrung, und du bist hineingenommen in den Zauber einer Stunde, die äußerlich gesehen ganz banal gewesen ist und doch für ein ganzes Leben prägend war.

An eine dieser Stunden erinnere ich mich noch heute. Es war im Advent, in dieser heiligen Zeit, und ich erinnere mich immer an diese Stunde, wenn ich von anderen Menschen um Unterstützung gebeten werde, um Hilfe für das eine oder andere Projekt oder für diesen oder jenen Menschen.

Es war an einem Freitagnachmittag, die Metzgersburschen in der Metzgerei meines Vaters hatten bereits Feierabend gemacht. Es herrschte eine entspannte Atmosphäre, würde man heute sagen. Alle waren froh, dass die Woche gut vorübergegangen war. Es hatte keine größeren Unfälle gegeben, und auch die Ware war ausgezeichnet, ein kleiner Vorgeschmack auf Weihnachten. Die Weißwürste waren aufgegangen wie die Kirchweihkrapfen, und der Leberkäse, den der jüngste der Gesellen hatte machen müssen, war auch kein »Brunzer« geworden.

(So nannte man einen Leberkäse, der nicht gelungen war: Wenn sich die Fleischmasse und das Eis nicht ideal verbinden, tritt, wenn man den warmen Leberkäse anschneidet, eine wässrige Flüssigkeit aus, und der Leberkäse sinkt zusammen. Er bleibt dann nicht locker. Wenn das geschah, handelte es sich um einen »Brunzer«. »Brunzer« war das Schimpfwort für denjenigen, der den Leberkäse gemacht hatte. Es war, als ob er als erwachsener Mann noch einmal beim Bettnässen erwischt worden wäre. Es war peinlich. Metzgersburschen reden eine derbe Sprache und sind auch sonst nicht gerade zart besaitet, außer wenn es um sie selbst geht und sie zum Arzt müssen. Ein eigener Blutstropfen kann sie in Ohnmacht fallen lassen, und eine Impfung wird für manchen von ihnen zu einer Heldentat oder zu einem Martyrium.)

An einem solchen Freitagnachmittag saßen alle zufrieden um den großen Küchentisch herum und machten Brotzeit. In einer großen Schüssel lagen die frischen Würste, zum Teil noch warm. Sie wurden gekostet und kommentiert. Eine gute Maß Bier gab es auch. Es war alles gut gegangen in dieser Vorweihnachtswoche. Und Feierabend war. Es konnte ein gutes Fest werden.

Ich durfte dabeisitzen als der Junior und bekam von all den guten Dingen meistens das Beste zugesteckt. Auch ich wurde gefragt, ob mir die Würste und das Brot schmeckten. Meistens wartete ich einige Zeit, denn ich war damals schon ein Feinspitz. Ich wartete darauf, die frische Gelbwurst, die noch lauwarm war, als Erster zu kosten (sie war köstlich) und wollte dann den Kanten des Brotlaibes haben. Meist wurde zuerst der Brotrest vom Vormittag aufgegessen. In der Mitte des Tisches lag ein frischer Laib Brot, der noch ein bisschen warm war. Frisches Brot war keine Seltenheit, aber es schmeckte zur frischen Wurst ganz wunderbar. Das Scherzl, den Kanten, bekam immer ich. Der Großvater achtete darauf, und es war gut, dass es mir so schmeckte und dass mein Appetit und meine Freude die anderen mit erfasste. Kurz bevor ich also den Kanten bekam, klopfte es an der Küchentüre.

Es handelte sich nicht um das Klopfen einer Hand, es war ein hartes Klopfen, wie wenn Holz auf Holz schlägt. Alle sahen erstaunt zur Tür, und als der Großvater »Herein« rief, geschah nichts. Ich lief neugierig zur Tür, weil es noch einmal geklopft hatte, und öffnete sie. Ich fuhr zurück. Draußen stand vornübergebeugt eine alte Frau. Mit der einen Hand stützte sie sich auf den Stock, mit dem sie angeklopft hatte, die andere Hand streckte sie mir entgegen. Es war eine knöcherne, arme Hand. Und ich sah nur einen Augenblick lang in ihr Gesicht. Es war eingefallen und mager unter dem Kopftuch, und ihre Augen waren traurig, fast schon erloschen. Ich hörte nur noch mit einem halben Ohr den Satz: »Ich bitt um ein wenig Brot.«

Ich war so erschrocken, so bewegt, deshalb schlug ich ganz schnell die Türe zu. Ihr Anblick hatte mich furchtbar aufgewühlt. Der Zweite Weltkrieg lag zwar schon einige Jahre zurück, aber es gab immer noch Menschen, die um ihre Existenz ringen mussten. Wirklich Arme und Hungernde habe ich nicht mehr gesehen. Die Menschen genossen bereits einen kleinen, wenn auch bescheiden wachsenden Wohlstand. Und da wurde ich aus heiterem Himmel mit einer Bettlerin konfrontiert, mit der leeren, verkrüppelten, knochigen Hand einer Frau, die um Brot bat.

Ich glaube, ich bin sehr bleich zum Tisch zurückgekehrt, zu meinem Großvater und sagte: »Da ist eine Frau draußen. Die bettelt um Brot.« Mehr konnte ich nicht sagen, denn es hatte mich berührt, dass da jemand um Brot bitten muss, weil er selber keines hat.

Der Großvater griff zu dem neuen, frischen Laib Brot und schnitt ein gutes Drittel davon ab. Es war das Stück, das sonst immer ich bekam. Mein Scherzl, auch das schnitt er ab, dann nahm er aus der Schüssel noch ein großes Stück Wurst. Ich hörte noch mit halbem neugierigen Ohr den Satz: »Alle sind im Krieg geblieben, und der Mann ist krank.« Noch einmal kam der Großvater zum Tisch zurück, nahm noch ein Stück aus der großen Schüssel, wickelte es ein und gab es der Frau.

Ich hörte nur noch, wie sie »Vergelt's Gott« murmelte und dann davonging.

Die ganze Episode hatte nur ein paar Minuten gedauert, und nach einiger Zeit kehrte die Metzgersgesellschaft am Küchentisch zu ihrem alltäglichen Gerede zurück. Ich saß schweigend da, betroffen und auch ein wenig beleidigt. Der Großvater hatte das beste Stück des Brotes nicht mir gegeben, sondern der Frau, der Bettlerin.

Nachdem sich die Burschen verabschiedet hatten, saßen wir immer noch am Küchentisch. Und weil ich meinen Großvater liebte und ihn fragen durfte, nahm ich meinen ganzen Mut und sagte: »Du hast ihr das Beste gegeben, das Scherzl. Sonst gibst du es mir. Warum hast du es ihr gegeben? Sie wäre auch mit etwas anderem zufrieden gewesen.« Er schwieg eine Zeit lang und schaute mich an, aber er schaute auch ein Stück weit durch mich hindurch, so als ob er in seine eigene Erinnerung eintauchte, in seine eigenen Erfahrungen, wahrscheinlich dachte er auch an die eigene Not und die eigene Armut. Dann griff er nach mir und nahm mich an seine Schulter, meinen Kopf zog er ganz nahe an sich heran, so als ob er mir ein Geheimnis verraten wollte, und er flüsterte mir fast ins Ohr: »Bub, merk dir das: Einem

Reichen kannst du alles geben, einem Armen nur das Beste.« Nach einer langen Pause, weil ich das Wort so einfach nicht begriffen hatte, erzählte er mir, dass es wichtig sei, wenn man etwas gebe, vor allem jemandem, der arm ist und darum bittet, nicht nur das Überflüssige oder gar den Abfall zu geben, sondern das Beste, was man habe. Das sei so wichtig, um dem anderen die Würde und den Wert zu geben, den er, aus welchen Gründen auch immer, scheinbar verloren habe. Nur aus dem Überfluss heraus zu geben oder vom Überflüssigen etwas abzugeben, sei dann doch zu wenig und nicht gut.

Wenn ich in diesen Zeiten um eine Unterstützung für ein Projekt, für eine Sache oder für einen Menschen gebeten werde, taucht in mir immer dieser Freitagnachmittag im Advent auf, und ich bin angerührt von der Erfahrung, die ich damals machen durfte, die eine Sternstunde gewesen ist. Und immer wieder versuche ich und oft gelingt es mir – nicht immer – das Beste zu geben, das ich habe. Ich merke, wie schwer es fällt, das Gute zu geben, und dass es noch schwerer ist, das Beste zu verschenken. Ich weiß es heute, und ich habe es damals gespürt, als der Großvater das beste Stück des Brotes weggegeben hat, dass er nicht nur dieser Frau ein Stück Leben, sondern auch mir und vielen anderen ein Stück Leben geschenkt hat. Deshalb ehre ich ihn und ich ehre die Frau, die ihm und mir die Möglichkeit gegeben hat, uns in einem Augenblick ihrer Not eine Sternstunde zu schenken und meinem Leben eine Richtung zu geben. Viele Jahre sind seitdem vergangen. Ich habe nie ihren Namen erfahren. Ich habe sie nie mehr gesehen, aber in mir bleibt ein Gefühl der Dankbarkeit für diese Frau zurück. Weil sie mir und uns allen ihre Not gezeigt hat. Weil da einer war, der diese Not nicht nur einfach abgetan, sondern ernst genommen und sie geehrt hat mit dem besten Stück, das wir in diesem Augenblick hatten. Dadurch wendete sich die Not und wendet sich noch heute diese Not. Es bleibt ein großes Stück Hoffnung, auch wenn es ganz hoffnungslos in dieser Welt erscheint.

Nichts stimmt mehr

In der Wüste der Lüge

Ich ging in die erste Klasse der Volksschule. Da habe ich zum ersten Mal bewusst gelogen. Seitdem kenne ich die Wüste der Lüge.

Mein direkter Schulweg dauerte etwa fünf Minuten. Wenn ich etwas früher von zu Hause wegging, konnte ich, obwohl das verboten war, einen Umweg machen und durch einen kleinen Hohlweg zur Schule gehen. Er war von einer Steinmauer gesäumt, viele Pflanzen und Blumen wuchsen am Rande, Käfer, Schnecken und Eidechsen tummelten sich dort. Das war für mich wunderbar, aber es war verboten, denn, so hieß es: »Auf dem Schulweg sollst du nicht trödeln!« Ich machte trotzdem immer wieder diesen Umweg und ging deswegen ein wenig früher von zu Hause fort.

Eines Morgens begegnete mir ein finsterer Mann. Ich kannte ihn und wusste, dass man ihm nicht trauen durfte. Er bedrohte mich, und ich bekam Angst. Hals über Kopf stürzte ich davon. Ich musste einen anderen, noch längeren Weg laufen und kam zu spät zur Schule, erschreckt, verängstigt und verschwitzt. Die Lehrerin fragte, warum ich zu spät komme. Was sollte ich sagen? Ich hatte Angst vor meiner Lehrerin, vor ihrer Strafe, Angst vor dem dunklen Mann, Angst vor meinen Eltern.

»Meine Großmutter ist gestorben«, sagte ich. Ich wusste, dass ich jetzt gelogen hatte. »Ach so!«, sagte die Lehrerin. Und dann musste ich erzählen, was geschehen war. Wieder log ich mit rotem Kopf und unterdrückten Tränen.

Die Lüge platzte noch an diesem Vormittag. Ich wagte mich nicht mehr nach Hause. Aber ich musste doch hin. »Du hast deine Lehrerin angelogen. Noch dazu mit dem Tod der Großmutter! Du bist ein Lügner! Wer einmal lügt, dem glaubt man nicht, und wenn er auch die Wahrheit spricht. Merk dir das!« Ich wurde verhauen und wagte natürlich nicht mehr, die Wahrheit zu sagen, indem ich von meinen heimlichen und unerlaubten Ausflügen zu dem Hohlweg, von der Bedrohung durch den dunklen Mann erzählte. Ich war ja ein Lügner. Die Not einer kleinen Menschenseele kann groß sein.

✳ *Die Lüge ist leicht und macht das Leben schwer.*

Erstaunlich leicht geraten wir in die Wüste der Lüge. In einer schweren, oft nicht zu ertragenden unaussprechlichen Situation suchen wir Erleichterung. Es ist eine Flucht aus Angst vor der Auseinandersetzung. Oft kommt dazu noch falsche Rücksichtnahme. Ich will mich und andere schützen. So leicht ist es, die Unwahrheit zu sagen und Ausreden zu erfinden. Trotzdem ist es schwer, damit umzugehen, weil eine Lüge immer ein Dutzend andere nach sich zieht. Man mag das vielleicht für Kreativität oder Fantasie halten, wenn ich mir etwas einfallen lasse, dennoch leugne ich das Leben.

Ich fühlte mich damals wie die Saite eines Instruments, die ihre Haltepunkte verloren hatte.

Wenn ich lüge, auch wenn ich belogen werde, stimmt einfach nichts mehr. Als ob die Koordinaten, die Sicherungspunkte des Lebens verloren wären. Ich weiß nicht mehr, auf welchen Weg, auf welchen Rat, welche Aussage ich mich noch verlassen kann. Am wenigsten kann ich mich auf mich selbst verlassen. Und dann beginnt ein Teufelskreis. Ich kann weder mir noch anderen trauen und glauben. Es ist wirklich schwer, nicht mehr zu wissen, was ist. Wenn ich mich auf ein Wort oder eine Aussage nicht mehr verlassen kann, dann bin ich selbst verlassen und befinde mich in einer Situation der Unverlässlichkeit. Es gibt kaum mehr eine Orientierung. Es beginnt ein Rückzug ins Misstrauen gegenüber anderen, aber auch gegenüber mir selbst.

Damals merkte ich, dass ich belogen wurde und log, weil ich meine und der anderen Wahrheit nicht mehr ertragen konnte. Ich konnte nicht mehr sagen, was ich dachte und was ich war. Die Realität entglitt mir, und ich hatte mein Ziel aus den Augen verloren. Es verschwamm alles, und es stimmte nichts mehr. Die Stimmung war zerstört.

Aus einer solchen Situation heraus entsteht oft eine große Lethargie. Wir werden passiv und wagen nicht mehr zu sprechen.

✶ *Die Wahrheit ist wie ein Garten.*

Viele Jahre später wurde ich von einem wirklich geistlichen Menschen lange Zeit begleitet. Die Angst vor meiner Wahrheit, vor meinen Wünschen, Bedürfnissen und Sehnsüchten saß aber immer noch tief in mir. Obwohl ich zu ihm Vertrauen fasste und er mir großes Vertrauen entgegenbrachte, konnte ich nicht über alles sprechen. Besonders über ein Problem, das mich beschäftigte, konnte ich nicht sprechen, weil ich mich zu sehr schämte. Nach etwa zwei Jahren regelmäßiger Begleitung entschloss ich mich, mit ihm darüber zu sprechen. Ich war mir sicher, dass er mir Vorwürfe machen würde, weil ich ihn zwar nicht belogen, aber doch einen wesentlichen Teil von mir verschwiegen hatte. Ich wollte doch wahrhaftig sein, und so begann ich ihm stockend meine Geschichte und von meinem Problem zu erzählen. Er hörte mir aufmerksam und lächelnd zu und sagte dann zu mir: »Wenn eine Katze um den heißen Brei herumstreicht, dann merkt man, welcher Brei im Topf ist.« In dem langen Gespräch, das nun folgte, begriff ich, dass die Wahrheit, unsere und die der anderen, wie ein Garten ist. Ein Garten ist immer begrenzt, seine Grenzen muss ich kennen und akzeptieren. Er braucht Pflege, und ich werde nie mit dieser Pflege fertig. In dem Garten muss immer wieder neu eingesetzt, auseinandergesetzt, gegossen, ausgejätet und geerntet werden. Aber auf diese Art und Weise wird der Garten immer schöner. Wer sich nicht auf die Wahrheit eines Gartens einlässt, verliert die Sensibilität für Kultur. Im Garten des Lebens ist von mir der Mut zur Auseinandersetzung gefordert, ich muss das Leben annehmen. Der Garten lehrt mich auf ganz einfache Weise, die Realität und die Wahrheit zu akzeptieren. Vom Radieschensamen gibt es keine Rosen. Wenn ich das Unkraut nicht jäte, wächst es stärker als die Karotten. Ich brauche auf dem Weg zur Wahrheit unglaublich viel Geduld für das Wachstum des Lebens. Oft täusche ich mich, denn es kommt nicht immer das heraus, was ich mir wünsche. Weil die Wege des Lebens oft anders verlaufen, als wir uns das vorstellen, braucht es doch unglaublich viel Pflege. Lange Zeit wollte ich im Garten das Unkraut nicht jäten, weil ich die Hoffnung hatte, dass auch aus dem Unkraut etwas wachsen könnte. Das ist wohl richtig, aber nicht zielführend. Es gibt zwar Menschen, die sehen auch in jedem Unkraut etwas Positives und können es am richtigen Ort und auf die richtige Weise gut gebrauchen. Am wunderbarsten ist für mich, dass das Unkraut, wenn es gejätet wird, auf einem Komposthaufen wieder zu guter Erde werden kann. Das wäre mein Wunsch, damit das Leben wieder stimmt.

Auch eine alte Hütte brennt lichterloh

Die Wüste des Alterns kann grausam sein. Weder die engagierte Arbeit von Pflegerinnen und Pflegern, von Therapeutinnen und Therapeuten, noch die Besuche durch Ehrenamtliche und Angehörige können darüber hinwegtäuschen. Oft verbringen viele der alten Menschen ihren Lebensabend ohne Hoffnung und Perspektive. Sie warten auf nichts mehr, nicht einmal auf den Tod.

Ihre Bewegungsfähigkeit ist eingeschränkt oder ganz dahin. Viele sind abgeschoben und pflegen keine Beziehungen mehr. Sie sind sich selbst eine Last und meinen, dass sie auch eine Last für alle anderen und die Gesellschaft sind. Es ist kein Wunder, dass nicht mehr nur hinter vorgehaltener Hand über Sterbehilfe diskutiert wird. Diese Diskussion verstärkt noch die Angst der Betroffenen und auch derjenigen, die darüber diskutieren, denn irgendwann einmal werden auch sie zu Betroffenen, über die vielleicht entschieden wird, was sie über andere entschieden haben.

In dieser Situation der Hoffnungslosigkeit, der Resignation, des Nichtstuns wird das Ertragen des Lebens zur Qual. Das Altern der Menschen wird zu einem Problem einer alternden Gesellschaft, die sich dem Traum und der Illusion der ewigen und unbegrenzten Möglichkeiten verschrieben hat.

Jeder kennt die Versuche, diese Prozesse des Vergehens, die ja auch Lebensprozesse sind, zu verleugnen. Der Jugendwahn einer ganzen Gesellschaft, der darin gipfelt, mithilfe von Kosmetik und anderen Verfahren die innere Wüste und den Verfall zu übertünchen, schlägt fehl. Auch Antidepressiva und Schlafmittel sind auf die Dauer keine ehrlichen Lösungen, selbst wenn sie, punktuell und zielgerichtet eingesetzt, sinnvoll und im Augenblick effektiv sein können.

Traurigkeit, Rückzug, Krankheit, Bewegungslosigkeit, Resignation und Verzweiflung wurden von Medizinern, Psychologen und Soziologen unterschiedlich etikettiert. Es gibt eine Menge hoffnungsvoller Lösungsansätze für aussichtslose Diagnosen im Alter. Überall wird vergeblich der nie versiegende Jungbrunnen gesucht, wenn auch nur äußerliche, materielle und mechanische Hilfen angeboten werden.

Solange man jung, vital, aktiv und beweglich ist, denkt man selten an das Alter und an den Weg des Loslassens. Dabei blicken wir am Ende unseres Lebens auf unser ganzes Tun, unser psychisches und spirituelles Leben zurück, und es holt uns die Wüste der Versäumnisse und Übertreibungen des Lebens mit Zins und Zinseszinsen ein.

Die Summe des Lebens scheint für viele so schwer zu ertragen zu sein, dass sie einen Ausweg im körperlichen und geistigen Verfall suchen müssen, um sich nicht mit ihrem eigenen Leben zu konfrontieren.

Vor allem scheint sich die Summe der Beziehungslosigkeit in Einsamkeit, die übertriebenen materiellen Befriedigungen in Sinnverlust und die fehlende oder nicht gepflegte Gotteserfahrung in Angst zu verwandeln. Mangelnde geistige, spirituelle Bewegung wird in körperliche Bewegungsunfähigkeit verwandelt.

Diese Wüste gleicht eher einer zunehmenden geistigen Umnachtung, die den Tag und das Licht des eigenen Lebens nicht mehr wahrnehmen will und auch nicht kann, weil der Mensch, der sich in diese Wüste geworfen fühlt, erblindet ist. Mit einem solchen Wüstenszenario konfrontiert, muss man sehr früh nach den Sternen Ausschau halten, um einen Weg zu finden, der uns weitergehen lässt.

Eine Sternstunde und ein Hoffnungsstrahl war für mich während meines Studiums ein Gespräch, an das ich mich gerne erinnere.

Ich dachte damals noch nicht ans Altwerden und ging auch den Erfahrungen des Loslassens aus dem Weg, wenn ich mich nicht unmittelbar damit konfrontieren musste. Ich besuchte mit befreundeten Studenten ein Kloster unseres Ordens anlässlich der ewigen Gelübde eines Mitbruders.

Am Abend vor der Profess saßen wir mit dem alten Novizenmeister des Klosters, er war damals schon 80 Jahre alt, beim Wein zusammen und sprachen über das kommende Fest.

Es wurden ernsthafte Fragen gestellt. Ob es denn überhaupt sinnvoll und möglich sei, sich mit 25 oder 30 Jahren als Mönch lebenslang an ein Kloster und eine Gemeinschaft zu binden? Ob nicht durch einen solchen Schritt menschliche Entwicklungen unmöglich gemacht oder gar zerstört würden? Und schließlich stand die Frage im Raum, ob ein zölibatäres Leben, das heißt ein Leben ohne gelebte sexuelle Beziehungen, überhaupt sinnvoll und möglich sei oder nur körperliche und seelische Spannungen und Qualen auslöse, menschliche und geistige Entwicklung verhindere und deshalb eigentlich abzulehnen sei.

An der lebhaften Diskussion beteiligte sich auch der alte Novizenmeister mit Engagement und Freude und verteidigte die Lebensform als Mönch, weil er unserer Meinung nach keine Ahnung hatte, wie schwierig es ist, sich tagtäglich mit den Fragen der eigenen Sexualität auseinanderzusetzen. Dieser alte Novizenmeister war ja schon »jenseits von Gut und Böse«. Wir waren jung, und das Feuer der Sexualität war nicht leicht zu bändigen. Einer von uns brachte es wie folgt auf den Punkt: »Wenn ich einmal so alt bin wie du, dann geht das vielleicht, weil sich nichts mehr rührt. Dann ist ›tote Hose‹. Dann habe ich wahrscheinlich, so wie du, auch keine Schwierigkeiten mehr damit. Irgendwann einmal werden diese doch aufhören!«

Der alte Meister lächelte verständnisvoll. Ich sehe noch seine Augen wie Sterne glühen unter den buschigen weißen Augenbrauen, und heute noch klingen seine Worte in mir nach: »Täuscht euch nicht! Auch eine alte Hütte brennt lichterloh. Wenn nichts mehr brennt, erlischt der Geist, die Seele und das Leben.«

Diese Antwort war keine billige Lösung. Sie wurde für mich aber zum züngelnden Sternfunken in einer ratlosen Nacht auf der Suche nach einem sinnvollen Leben.

In jedem Menschen brennt das Lebensfeuer zeit seines Lebens, manchmal sind es kleine Lagerfeuer, manchmal Feuerwerke. Zuzeiten entfachen sie Flächenbrände und Explosionen. Bisweilen brennen sie ruhig und werden zur wärmenden Energiequelle für uns und andere. Ohne Feuer aber erlischt das Leben.

Gespeist wird dieses Feuer von der Sehnsucht nach Leben, auch nach Sexualität, nach Zärtlichkeit und Liebe. Es wird gespeist von unserem Hunger und Durst, nicht nur nach Essen und Trinken, sondern auch nach geistlicher und spiritueller Nahrung. Gespeist wird es auch von unserer Suche nach Individualität und Beziehung, nach Einssein mit mir und anderen.

Dieser göttliche Lebensfunke ist die Urquelle der Kraft und der Gesundheit und vor allem der Lebensfreude, selbst wenn ein Mensch krank und alt wird.

Auch ein alter Mensch kann und muss brennen. Ganz sicher ist es nicht mehr das Feuerwerk der Jugend oder die Kraft des Erwachsenenalters. Aber es ist nicht weniger, sondern anders. Die »alte Hütt'n«, die lichterloh brennt, ist ein Zeichen der Hoffnung, sofern es nicht das kalte Feuer der Hoffnungslosigkeit, der Trauer und Unbeweglichkeit, des Misstrauens und der Verzweiflung ist, das uns lähmt und tötet, sondern das Feuer der sich verwandelnden Liebe zum Leben.

Dieses Feuer ist geläutert durch Last und Erfahrung, durch Übermut und Vertrauen, durch Schmerz und Leid. Geist und lautere Liebe lassen es brennen.

Ich habe alte Menschen kennengelernt, die sogar angesichts von Krankheit, Schmerz und Tod nicht ihr Lächeln verloren haben, weil sie die kummervollen Lebenserfahrungen durch Geist und Seelenkraft verwandelt haben.

Es waren meist Menschen, denen im Leben nichts geschenkt worden war, sie hatten nichts als das nackte Leben. Trotzdem hatten sie ihr Leben verschenkt, ohne dass sie selbst es merkten und ohne sich heimlich ihr gutes Tun zurückzahlen zu lassen durch Geld oder zumindest das Lob und die Anerkennung anderer.

Lebensfeuer erstickt, wenn es durch zu viel (Brenn-)Material überlastet wird oder zu wenig beziehungsweise zu viel Sauerstoff (Geist) zugeführt bekommt. Beides ist aber in der richtigen Dosis nötig, Materie und Geist, damit das Lebensfeuer bis zum Ende weiterbrennen kann.

Physiker sagen, dass eine Zelle, bevor sie stirbt, noch einmal aufleuchtet, noch einmal Energie abgibt. Es ist wunderbar, wenn ein Mensch im Alter noch einmal aufleuchtet und geistige Lebensenergie verströmt. Dann brennt »die alte Hütt'n« lichterloh und wird zum Stern.

Ich bin außer mir

In der Wüste des Zorns

Ich brauche Ihnen nichts zu erzählen. Sie kennen sie selbst, die Wüste des Zorns und des Ärgers, die, je mehr sie unterdrückt wird, zur Gewaltbereitschaft führt. Zorn und Ärger lassen mich nicht mehr ruhen. Sie bringen mich aus der Fassung. Ich bin dann außer mir. Für beides gibt es so viele Ursachen, wie es Lebenssituationen und Menschen gibt. Aufregung, Verletzung, Enttäuschung, Hoffnung, Betrug – all das kann mich so sehr treffen, dass der Zorn in mir aufblüht oder wenigstens der Ärger.

Zorn und Ärger töten uns langsam, aber sicher. Diese Bewegungen der Seele sind wie eine Wüstenwanderung, bei der wir verdursten und bis zum letzten Atemzug kämpfen. Da sind ein Ziel, das ich mir gesetzt habe, ein inneres oder äußeres, und die Frustration, dass ich dieses Ziel nicht erreicht habe, durch eigenes Versagen oder durch das Handeln anderer. Da ist die Irritation, die verhindert, dass ich meinen Weg gehen kann, die mich aufhält in meiner Entwicklung. Und da sind die vielen Provokationen, sei es mit Worten, Gesten oder Handlungen, die hinterlistigen Mobbingversuche und Grenzverletzungen. Oft fühle ich mich dadurch in meiner Ehre zutiefst verletzt, zumindest aber nicht beachtet. Ich fühle mich als Außenseiter. Und ein Außenseiter zu sein, das wissen wir nicht erst seit den Schülern, die zu Amokläufern geworden sind, macht aggressiv und stumpf. Es zerstört die Seele. Dabei kommt uns dieser Zorn meist nicht in Reinkultur und schon gar nicht als heiliger Zorn entgegen, sondern meist als Alltagsärger.

Ein gutes Beispiel ist das Autofahren. Es gibt Menschen, die regen sich dabei so auf, dass sie nicht nur sich selbst, sondern auch mich und andere gefährden. Bei diesem Zorn und Ärger kommt es zu einer Bewusstseinsstörung. Es ist so, als ob ich dabei nur noch um mich selber kreisen würde. Der geringste Widerstand macht mich aber »verrückt«, wenn ich nur noch um mich selber kreise. Zur Unbewusstheit kommt ein Verfolgungswahn, eine Alltagsparanoia. Jeder, der nicht tut, was ich will, ist mein Feind. Jeder, der mir widerspricht, will mir schaden. Jeder, der nicht alles versteht, was ich sage oder denke, sabotiert mich. Es ist wie eine Fahrt in der Wüste. Ich fahre immer im Kreis.

Zorn führt uns in die Wüste der Ohnmacht.

Im Augenblick des Zorns und des Ärgers bin ich selbst sehr verletzt. Ich habe das Gefühl, dass mein Selbstwert entweder zerstört oder zumindest angekratzt ist. Ich nehme in solchen Augenblicken alles ganz persönlich und habe das Gefühl, dass ich mich jetzt unbedingt gegen irgendetwas oder gegen irgendjemanden wehren muss, aber gar nicht kann. Zorn und Ärger machen mich ohnmächtig, auch wenn die Wut eine machtvolle Demonstration sein kann.

Bin ich zornig, wird es schwierig, mit anderen zusammenzuarbeiten. Ich verliere nicht nur die Fähigkeit zur Kooperation, in mir selbst lauert die Aggression. Das kann sich äußern, indem ich mürrisch werde, oder an anderen ständig herummeckere. Ich lasse in solchen Situationen weder an mir noch an anderen ein gutes Haar. Ich nehme die Haltung des Dauerkritikers ein, der immer und überall einen Schuldigen sucht und anderen die Schuld zuweisen muss. Im Inneren eines wütenden Menschen schlummert eine große Gewaltbereitschaft, die ihn befähigt, ohne Maß zurückzuschlagen.

Wenn ich ein wenig innehalte und den Bewegungen in mir nachspüre, dann erkenne ich vielleicht, dass mein Zorn über andere oft auch ein Ausdruck der Scham über mich selbst ist. Aber es ist schwierig, sich das eigene Versagen im Denken und Fühlen einzugestehen, wenn ich der festen Überzeugung bin, dass der andere schuldig ist.

Die verdrängte Scham ist oft ein Hinweis auf meine eigene Disziplinlosigkeit. Der Kampf um die Gerechtigkeit ist meist nicht objektiv gerechtfertigt, sondern eine eigene Rechtfertigung. Es gibt diesen Scheinkampf um Ideale, die immer dazu dienen, die eigenen Wunden und Verletzungen zu verbergen.

Neid und Zorn verbinden sich zu einem Brennstoff für einen Rachefeldzug, der mich mehr und mehr nicht nur von anderen und vom Leben isoliert, sondern der zum Verlust der Fähigkeit führt, den eigenen Schmerz und die eigene Freude zu spüren. Die zornige Ohnmacht kann sich gegen andere richten, letztlich aber zerstört sie unser eigenes Leben. Viele Krankheiten an Leib und Seele haben hier ihre Wurzeln.

Ein Stern geht auf, wenn wir lernen zu verzeihen.

Nach mehreren Bubenraufereien – ich war ungefähr zehn Jahre alt – schwor ich Klaus bittere Rache. Er hatte mich immer geärgert, links liegen gelassen und zum Schluss auch noch geschlagen. Ich war der Unterlegene und wollte mir dies nicht mehr gefallen lassen. In meinem Innern war ich zutiefst verletzt und wollte Rache nehmen. Deshalb machte ich mir aus Weidengerten ein Folterwerkzeug, mit dem ich ihm auflauern wollte, um ihn zu schlagen. Ich weiß es noch ganz genau, aber ich möchte es mir heute noch nicht eingestehen, dass ich ihn in der Wüste meiner Verletztheit hätte töten wollen.

Mein Großvater beobachtete mich während meines Tuns. Er, der in seinem Leben selbst oft ungerecht behandelt worden und trotzdem nicht daran zerbrochen war, nahm mich auf die Seite. »Du willst mit dieser Rute jemanden erschlagen. Ich spüre das, denn dein Herz ist voller Wut und Bitterkeit. Aber schau«, sagte er und nahm mich dabei in seine Arme, »das Unrecht muss auch einmal sterben können. Wenn du nicht vergessen und verzeihen kannst, dann wird immer wieder neu Gewalt, Zorn und Unrecht geboren. Wirf dein Folterwerkzeug weg und verzeihe ihm.« Trotzig schüttelte ich den Kopf. Noch einmal begann er: »Schau, er hat kein Zuhause und keinen Vater. Du hast ein Zuhause und du hast mich«, und dann nahm er mich in die Arme und löste langsam das Gewaltwerkzeug aus meinen Händen. Ich weiß noch, dass ich damals sehr geweint habe, und ich kann mir heute noch nicht ganz erklären, was da geschehen war.

Ich spürte natürlich, dass Zorn nichts anderes bewirkt als wieder neuen Zorn. Erlittenes Unrecht reizt wieder zum zornigen Unrecht. Vielleicht ahnte ich schon damals, dass wirkliches Unrecht, auch größte Untaten, nicht durch neue Untaten aus der Welt geschafft werden können, sondern nur dann ein Ende finden, wenn da einer aus der Spirale des Zorns aussteigt und beginnt, zu verzeihen oder um Verzeihung zu bitten. Ich habe damals gespürt, wie schwierig es ist, eigene und fremde Unfähigkeit, Fehler, Unaufmerksamkeiten, Schwäche und auch Dummheit als Realität des Lebens anzusehen und nicht als Bosheit. Aus der Wüste des Zorns komme ich nur dann heraus, wenn ich selber ein wenig Abstand gewinne und mir einer die Hand reicht, der es geschafft hat, seiner Wut und seiner Verletzung auf die Spur zu kommen und diese Gefühle zu wandeln. Das heißt nicht, dass ich Wut ignorieren, verdrängen und den Zorn leugnen muss. Es ist notwendig, die eigenen Gefühle zu zeigen, aber nicht auf dieselbe Weise auszuagieren, wie ich es selbst erfahren habe. Menschen, die in der Geschichte wirklich Entscheidendes bewegt haben, haben auf Rache, auf den gerechten Krieg, den es in Wirklichkeit nie gibt, verzichtet. Ich denke dabei an Menschen, die Unrecht nicht mit Unrecht vergolten haben, sondern die fähig waren, bei sich und bei anderen eine Verwandlung zu initiieren: Mahatma Gandhi, Martin Luther King, Nelson Mandela, Mutter Teresa und viele andere. Wahrscheinlich kann ich meine Wut nur dann in die Kraft des Wachstums und der Liebe umwandeln, wenn ich selbst erlebt habe, dass an mir nicht Rache genommen wird, sondern dass ich Verzeihen und Angenommensein erfahren habe, trotz meiner Wut und trotz meines Zorns.

Der Geißbockteufel

Manchmal herrscht ein großes Durcheinander im Leben, die Dinge passen nicht mehr zueinander, sondern widersprechen sich. Unruhe und Unsicherheit sind die Folge. Das ist normal in den großen Krisenzeiten des Lebens, und man denkt gar nicht daran, dass es vielleicht auch Hoffnungszeiten sein könnten. In der Krise selbst spürt man die Hoffnung nicht, sondern nur den Zweifel und den Kampf. Es gibt Zeiten im Leben, da werden wir mit dieser Spannung stärker konfrontiert, z.B. wenn wir krank sind, im Alter und auch während der Pubertät, jener großen Wandlungszeit, die einen der großen Wendepunkte unseres Lebens darstellt und die wir mit Gottes und der Menschen Hilfe gut bewältigen können.

Auch während des Jahres durchleben wir solche Krisenzeiten, meist vor den großen Festen, etwa in der Advents- oder Vorweihnachtszeit. Da scheint der Teufel, die Kraft, die alles durcheinanderbringt, wirklich unterwegs zu sein und lässt sich nur schwer vertreiben.

Alle Widersprüchlichkeiten der Welt kommen zutage, und alle Spannungen im Herzen werden bewusst, ohne dass wir deren Ursachen wahrnehmen können. Meist zeigt sich das darin, dass wir nicht mehr in der Lage sind, gut und in Frieden miteinander zu leben. Alte und neue Sünden werden uns bewusst, und wir spüren, dass sich etwas ändern müsste, zum Guten oder zum Schlechteren. Irgendwie müsste Klarheit kommen. Wir bräuchten Entlastung. Aber das geduldige Ertragen ist nicht die Qualität solcher Zeiten, vor allem nicht in der Pubertät.

Gott sei Dank gibt es diese Zeiten im Leben des Menschen und in der Großmut Gottes. Es würde ohne sie zwar ruhiger sein auf dieser Welt, aber auch erheblich langweiliger.

In solchen Zeiten liegt immer auch eine Chance, eine Erkenntnis. Krisenzeit ist immer Entscheidungszeit, sie hält Hoffnung und Zuversicht bereit, manchmal auch noch größere Zweifel, ja sogar den Tod kann sie mit sich bringen.

Nicht ganz so abgeklärt wie heute war ich damals. Damals – das ist schon lange her. Ich war mitten in der Pubertät. Wir waren zu dritt. Drei Halbwüchsige, 13 oder 14 Jahre alt. Der Michi, der Martin und ich. Wir fochten unsere Kämpfe aus, untereinander und mit anderen und mit der Welt. Schon damals passten wir nicht mehr gerne und ganz in das Schema, das uns von außen vorgegeben worden war. Vor allem hatten wir natürlich Feinde, die uns das Leben schwer machten und denen auch wir das Leben schwer machten.

Wir hatten vor allem eine fromme Frau auf dem Kieker, die Mutter Oberin der frommen Schwestern, die in unserem kleinen Marktflecken viel Gutes für die Menschen taten. Die frommen Schwestern waren ein wenig die Mütter des ganzen Dorfes. Eine unter ihnen half bei den Hausgeburten und unterstützte die Wöchnerinnen, wenn es darum ging, die übrigen Kindermäuler zu stopfen und den Haushalt zu richten. Eine andere leitete den Kindergarten. Sie versorgten die Wäsche in der Kirche und flickten unsere zerrissenen Ministrantengewänder. Und dann, wenn es ans Sterben ging, pflegten sie die Kranken und die Alten und begleiteten die Angehörigen auf diesem letzten schweren Weg. Damals gab es noch keine Pflegeversicherung. Es war notwendig, dass alle einander halfen, wenn es um die großen Krisen des

Lebens ging. Zusammenarbeit war die Versicherung im Leben. Und wir achteten diese Schwestern, auch wenn wir richtige Lausfratzen waren. Nur die Mutter Oberin war unser Feind, denn sie hatte sich das Amt eines Hilfssheriffs im Ort angemaßt, nachdem der Polizeiposten wegen fehlender größerer und kleinerer Delikte geschlossen worden und so die Exekutive ausgefallen war. Die Mutter Oberin versuchte dieses Machtvakuum zu schließen.

Leider wird ein Machtvakuum immer schnell ausgefüllt, meist weniger durch Berufene als durch Selbst- und Machtbewusste. So war das eben auch bei der ehrwürdigen Oberin. Nach dem Gebetläuten am Abend – das war ihre Aufgabe – scheuchte sie die Kinder in die Häuser und verhängte so über uns alle, ob wir wollten oder nicht, eine Sperrstunde, ein Ausgehverbot. Wir Buben konnten das nur sehr schwer akzeptieren und sind dafür häufig von ihr beschimpft worden wegen der Liederlichkeit unseres Lebenswandels mit allen schrecklichen Folgen für Leib und Seele, bis hin zum Verlust der ewigen Seligkeit und der Aussicht, in der ewigen Hölle zu braten. Wir wurden mit sehr handfesten und bildhaften Drohungen konfrontiert, wenn wir nicht das taten, was die ehrwürdige Mutter Oberin angeordnet hatte.

Besonders der Teufel hatte es ihr angetan. Nachdem wir es gewagt hatten – Rotzbuben, wie wir eben gewesen sind –, ihr zu widersprechen und ihr eines Tages gesagt hatten, dass sie sicher selber noch nie einen Teufel gesehen hätte, einen ganz leibhaftigen, war sie sehr erbost und schimpfte noch mehr. Wir aber ließen es uns nicht gefallen und setzten noch eins drauf. Sie sei wohl sicher schon einmal zu Besuch in der Hölle gewesen, und der Teufel hätte es mit ihr nicht ausgehalten und sie wieder nach Hause geschickt. Wir bekamen wegen dieser Ungezogenheit zum ersten Mal ordentlich was hinter die Ohren, und es wurde uns aufs Strengste verboten, je wieder zu behaupten, der Teufel würde es mit der ehrwürdigen Mutter Oberin in der Hölle nicht aushalten.

Wir dachten uns unseren Teil und schworen Rache, so wie man als Halbwüchsige Rache schwören kann. Gerne hätten wir ihr den Teufel auf den Hals gehetzt, aber Gott und dem Teufel bin ich heute noch dankbar, dass unsere oftmaligen Bitten, »Der Teufel soll sie holen …«, nicht erhört wurden. So sannen wir also auf Rache. Es war schwierig, die richtige Methode zu finden. Auch die schlimmsten Krampusse im Dorf ließen sich nicht erweichen, als Teufel verkleidet der Mutter Oberin Angst einzujagen, denn sie wollten nicht ins Gerede kommen. Vor ihrem scharfen Mundwerk fürchteten sich alle, und sterben musste auch ein jeder, dazu brauchte man schließlich die ehrwürdigen Schwestern, die einen auf diesem letzten Weg begleiteten. So blieb uns also nichts anders übrig, als selber einen Weg der Rache zu finden.

Der Michi hatte dann die Idee, ob wir es nicht doch mit einem lebenden Teufel versuchen sollten. Das war die Lösung, auch wenn keiner von uns wusste, wie wir das anstellen sollten. Er erklärte, sie hätten doch zu Hause im Stall einen prachtvollen Geißbock, den der Vater nie hergeben würde, denn nach altem Volksglauben und auch seiner eigenen festen Überzeugung hielt ein Ziegenbock, auch, oder gerade deshalb, weil er so gotterbärmlich stinkt, alle Krankheiten vom Stall ab. Der Michi glaubte das, und sein Vater und sein Großvater glaubten es auch. Dieser Geißbock könnte uns helfen, Rache an der ehrwürdigen Oberin zu nehmen.

Den Geißbock wollten wir nachts in aller Heimlichkeit aus dem Stall holen und an das Zugseil der Hausglocke des Klosters binden. Mit Rübenschnitzen wollten wir ihn dann von dort weglocken, sodass die Glocke anschlagen würde. Wenn er nicht wollte, würden wir ihn mit der Steinschleuder so lange beschießen, bis er Reißaus nehmen würde. Der Plan war gemacht, und ich weiß noch gut, dass man sich in einer solchen Zeit der Rache absolut im Recht fühlt.

Wir befanden uns in der Adventszeit, kurz vor Weihnachten. Stockdunkel war es draußen auf den Straßen, denn eine Straßenbeleuchtung gab es damals noch nicht. Die Straßen waren von dem spärlichen Licht, das aus den Fenstern der Häuser kam, erleuchtet. Und so stahlen wir uns also am Abend, als es schon dunkel war, heimlich aus unseren Häusern in die Finsternis hinaus. Der Michi kannte ja den Stall zu Hause, und der Geißbock erkannte ihn. Wir führten ihn hinter den Schuppen, damit man ihn auf der Straße nicht gleich sehen würde, und gaben ihm zusätzlich ein bisschen Mehl auf den Bart und die Augenpartie, sodass er ein wirklich grausliches Aussehen hatte. Zwei Kienspäne zündeten wir an, um sie neben unserem Geißbock in den Schnee zu stecken, und dann banden wir ihn an die Hausglocke des Klosters. Die ganze Szene war schon gespenstisch, und ich muss gestehen, ich fürchtete mich selber ein bisschen. Der Geißbock tat uns den Gefallen und folgte den ausgelegten Rübenschnitzen, sodass nach zwei oder drei Minuten der erste Ton von der Hausglocke kam. Im ersten Stock wurde Licht gemacht, und die ehrwürdige Mutter Oberin öffnete das Fenster, um auf die Straße zu schauen.

Sie hatte keinen guten Blickwinkel, sodass sie nichts sah, nur eine Kienfackel, und so ging sie nach unten, öffnete die Haustüre, schaute erst in die eine Richtung und dann in die andere, da stand der Geißbock in leibhaftiger Größe vor ihr. Sie tat einen Schrei, denn sie glaubte den Leibhaftigen von Angesicht zu Angesicht zu schauen. Auch wenn es nur ein ganz einfacher Geißbock gewesen ist. Sie stürzte zurück ins Kloster und mobilisierte alle frommen Frauen, um mit dem Leibhaftigen, der da vor dem Kloster sein Unwesen trieb, fertig zu werden. Nun hatten die frommen Frauen bewährte Mittel, dem Teufel wirklich auf den Leib zu rücken. Die Fenster des oberen Stockwerks gingen auf, und mit der Gießkanne gossen sie ganze Eimer voll Weihwasser herab. Leider handelte es sich um einen sehr hartnäckigen Teufel, der nicht weggehen wollte, auch nicht unter der Sturzflut des heiligen Wassers. Im Gegenteil, er fror jämmerlich, denn ihm wurde wegen des Wassers kalt, und so wollte er Reißaus nehmen. Da er aber angeleint war, bimmelte die Hausglocke nur immer lebhafter. Da griffen die Schwestern nach einem weiteren Mittel, indem sie sich Weihrauchkohlen aus der Küche holten und versuchten, mit der Kohlenschaufel den vermeintlichen Teufel mit Weihrauch auszuräuchern. Es war ein Mordsbetrieb, und wir freuten uns diebisch in unserem Versteck, dass uns dies gelungen war.

Der Radau hatte den Nachbarn vors Haus treten lassen, als eine der Schwestern auch noch das Hungerglöckchen läutete. Das war eine kleine Glocke über dem Eingang des Klosters, die nur in äußerst seltenen Fällen geläutet wurde. Sie diente dazu, die Dorfbewohner zu alarmieren, wenn die Schwestern Hunger litten. So kam der Huberschmied und befreite den Geißbock aus seiner misslichen Lage, und da er ihn kannte, führte er ihn wieder zurück in seinen Stall.

In der Nacht konnten wir uns noch retten, aber am nächsten Morgen in der Schule folgte eine hochnotpeinliche Untersuchung durch den Oberlehrer. Wir mussten unsere Jacken und unsere Hosen herzeigen. Es wurde daran gerochen, und an unseren drei Jacken stellte man eindeutig fest, dass sie unmittelbar mit einem Geißbock in Berührung gekommen waren. So waren die Übeltäter schnell gefasst, und es gab noch einmal Ohrfeigen für diese Untat und die gröbliche Beleidigung der ehrwürdigen Schwestern.

Trotz der erneuten Strafe war diese Erfahrung eine Sternstunde für mich, die mir damals schon eine wichtige Erkenntnis offenbarte.

Seit diesem Ereignis misstraue ich allen vereinfachten Bildern vom Bösen, und vor allem bin ich skeptisch gegenüber Bildern, die man vom Teufel malt. Mehr denn je und realistischer denn je sehe ich wohl die wirkliche Existenz des zerstörenden Bösen in dieser Welt. Sie ist mir bewusst. Aber mit verniedlichenden Bildern, mögen sie auch noch so scheußlich sein, kann man die Wirklichkeit des Bösen oder gar des Teufels nie erfassen. Ich bin in dieser Hinsicht sehr vorsichtig und zurückhaltend geworden und lasse Vorsicht walten, wenn einer den Teufel an die Wand malt. Zu viel fantastische Frustration ist in solchen Bildern und zu wenig Engagement für das Gute. Fantasie, die oft nicht mehr kontrollierbar ist, aus welcher Quelle sie auch stammt. Und wenig Einfühlungsvermögen in die jeweilige Situation ist zu spüren, zu viel Aktionismus. Im Übrigen ist der hehre Kampf gegen das Böse meist mit zu wenig Hausverstand gepaart. Das richtet Unheil an.

Ich möchte weder Kindern noch Erwachsenen den Teufel als Schreckgespenst an die Wand malen, auch nicht mit ihm drohen oder ihn als Erziehungsmethode gebrauchen, mit seinen Schrecken und Fürchterlichkeiten. Das rächt sich. Irgendwann einmal tauchen diese Schreckgespenster vor der eigenen Haustüre wieder auf und sind dann wirklich zum Fürchten, weil sie sich mit menschlicher Unzulänglichkeit verbünden. Sie sind nicht mehr zu bändigen, wie unser realer Geißbockteufel vor dem Haus der frommen Frauen, der dann wieder seinen Platz im Stall gefunden hat. Teufelsbilder und -fantasien entspringen oft rachsüchtigen, verletzten Kinderherzen, die kein anderes Mittel haben, ihr Gleichgewicht wiederzufinden, als grässliche Bilder zu produzieren. Ich erinnere mich an diese Teufelsgeschichte, die Not und die Racheschwüre, und frage mich dann, wie verletzt Menschen sein müssen, wenn sie so verrückte, zerstörerische Bilder produzieren, um überhaupt menschliche Empfindungen zu haben. Ich wünsche mir stattdessen, Bilder des Friedens und der Barmherzigkeit zu finden und den Menschen die Liebe entgegenzubringen, die sie für ihre Entwicklung brauchen.

Mag sein, dass wir in der Erziehung junger Menschen immer Fehler machen, einmal zu viel des Guten und einmal zu viel des Bösen tun. Maßvolle Wege zu finden wäre klüger, auf denen sowohl der Frust als auch die Lust ausagiert werden können.

Ich bin froh darüber, dass wir damals nicht angezeigt worden sind wegen Hausfriedensbruchs, wegen Tierquälerei und wegen der Verletzung der öffentlichen Ordnung oder gar wegen Verhöhnung religiöser Inhalte. Es waren eben nur Bubenstreiche, und wir konnten weiter in Frieden leben.

Heute betrachte ich das Ganze als eine Sternstunde in meinem Leben und ich bitte innerlich die ehrwürdigen Schwestern von damals um Verzeihung, wenn wir sie mit unserem Geißbockteufel zu sehr erschreckt haben. Aber ich weiß, ein paar von ihnen haben herzlich darüber gelacht, und die Mutter Oberin führte nicht mehr so oft das Wort des Teufels in ihrem Mund. Auch sie verwandelte sich, wenn nicht gerade in einen Engel, so doch in einen ganz vernünftigen Menschen.

Ich bin allein

In der Wüste der Depression

Wer nie durch die finstere Eiswüste einer Depression gegangen ist, kann sich nicht vorstellen, wie ausweglos, verzweifelt und hoffnungslos die mit einer Depression verbundenen Erfahrungen und Gefühle sein können. Und da Angehörige und Freunde diese tristen Empfindungen nur sehr begrenzt verstehen und ertragen können, macht sich im Depressiven das Gefühl breit, in diesen Zeiten und Zuständen allein zu sein und allein zu bleiben. Er macht die Erfahrung, auch am helllichten Tag durch eine graue dunkle Nacht ohne Sterne zu gehen. Allgemeingültige, sichere Orientierungspunkte gibt es nicht mehr. Was mit einem Stolpern und Suchen beginnt, endet oft in Erschöpfung und Erstarrung, Bewegungs- und Kraftlosigkeit.

Gedanken und Gefühle gehen im Kreis, ohne einen Ausweg zu finden. Man schreit nach Hilfe, und niemand scheint es zu hören. Und wenn einer meine Hilferufe doch hört, fühle ich mich in meiner Depression meist nicht verstanden, weil ich meine Verlassenheit selbst nicht verstehen kann. Es ist alles verloren gegangen. Depressive Menschen sind Wanderer in der Wüste ihrer Verlassenheit. Viele von ihnen versuchen zunächst noch mit letzter Energie etwas Gutes zu tun, sie engagieren sich für andere, sind verständnisvoll, obwohl sie schon lange weder sich selbst noch irgendjemanden oder die Vorgänge um sich herum verstehen können. Depressive Menschen engagieren sich oft über das Maß hinaus für andere, sie heischen um Anerkennung, Liebe, um Hilfe für sich selbst, obwohl das im ersten Augenblick nicht zu erkennen ist. Sie helfen gerne anderen, um das eigene tiefe Gefühl der Verlassenheit nicht zu spüren.

Es gibt eine ganze Menge anderer Symptome, die eine Depression erkennen lassen. Ich möchte hier allen dringend empfehlen – vor allem dann, wenn diese Erfahrungen immer wieder kommen oder lange anhalten –, sich einen kompetenten Begleiter, Therapeuten oder Arzt zu suchen. In einer echten Depression ist man allein nicht mehr fähig, aus dieser Wüste herauszukommen.

Das Gehen im Kreis ist tödlich.

Wenn ich in der Wüste der Depression nur im Kreis gehe, vergeude ich meine Kräfte und komme immer wieder zum selben Punkt. Die Lebenskraft wird schnell verbraucht, und ich werde immer schwächer. Ich bin leichter anfällig für Krankheiten und isoliere mich zunehmend von anderen, obwohl ich mich so sehr nach einer echten Beziehung sehne. Oft ist das eigene Blickfeld eingeschränkt und die Wahrnehmung verzerrt. Wir sehen nur noch Stolpersteine und Hindernisse, die in unseren Augen eine so große Mächtigkeit erhalten, dass wir wie gelähmt sind. Um die eigenen Lebenserfahrungen nicht wahrnehmen zu müssen, nehmen wir das Leben und alle Erfahrungen, die wir machen, sowohl die guten wie auch die schlechten, verzerrt wahr oder leugnen sie gar.

Wenn ich in einer Depression bin, kreise ich fast immer um irgendetwas, das mich belastet und mir Sorgen macht. Ich kreise dann auch um mich selbst. Aber das ist nur scheinbar so. In Wirklichkeit habe ich mich aus den Augen verloren. Mit aller Liebe zu anderen habe ich mich vergessen. Ich bin nicht mehr fähig, mich selber anzunehmen und zu lieben. Liebe und Hingabe ist eine Grundvoraussetzung für das Leben, für jede Beziehung und für den Aufbau einer Gemeinschaft. Wenn ich mich dabei aber selbst aus den Augen verliere und dadurch mich selbst nicht mehr achte, verliert alle Liebe ihre Kraft.

✷ *Nur in der Einsamkeit, der Stille, können wir die Botschaft Gottes empfangen.*

Der Boden, auf dem ich stehe, bin ich selbst – mein Leib und meine Seele. Deshalb muss ich eins werden mit mir, mich annehmen, mich achten und ehren, so wie ich bin, ohne egoistische Selbstbespiegelung und Überheblichkeit, aber auch ohne Abwertung und dauernde Selbstkritik. Den Stern der Orientierung muss ich im Spiegel meiner Seele finden. Die Botschaft, die ich in der Einsamkeit meiner Depression wahrnehmen muss, ist die Botschaft der Liebe: »Du bist geliebt.« Das heißt, dass ich einzig bin für irgendjemanden. Ob diese Botschaft von der Erde oder vom Himmel kommt, ist nicht entscheidend. Je mehr sie vom Himmel kommt, desto sicherer finde ich einen Weg aus meiner Verlassenheit.

Dazu muss ich mich zum Himmel aufrichten – wenn es allein nicht möglich ist, dann mithilfe anderer. Ich muss aufrichtig sein, einen Standpunkt gewinnen und mein Herz, nicht nur meinen Verstand oder den Leib, öffnen. Unser Herz ist der Spiegel, der die Botschaft unserer eigenen Einmaligkeit wahrnehmen kann.

Wie ein Teleskop, das in die Dunkelheit der Nacht gerichtet ist, werden mir die Botschaft und der Lauf der Sterne geschenkt, die mir einen Weg durch die Dunkelheit der Nacht zeigen. Es ist die Botschaft Gottes, die sich in und auf meiner Seele spiegelt, die Botschaft, dass ich einzigartig, einmalig bin, geliebt und angenommen werde. Diese Botschaft können wir nicht in dem gleißenden Licht einer Stadt oder auf der rastlosen Suche nach Erfolg empfangen, sondern nur in der Einsamkeit, der Stille, in der sich das Herz auftut, damit sich die Botschaft des Lebens, die Botschaft Gottes selbst in uns und für uns offenbart.

Gott begegnet mir, wenn ich in der Einsamkeit meiner Wüste eins werde mit mir selbst. Er selber will mit mir eins werden. Er selber geht mit mir durch alle Dunkelheit. Er selbst ist ein verlässlicher Partner. Vielleicht sehe und spüre ich ihn auf den weiten Wegstrecken des Lebens nicht. Und wenn ich meine, ihn und mich verloren zu haben, dann kann es sein, dass er mich trägt.

Schlummere sanft

Max gehörte zu der Sorte von Schülern, die auch dem abgebrühtesten Lehrer den kalten Angstschweiß auf die Stirne trieb oder das allgemeine Stöhnen in der Lehrerkonferenz regelmäßig zu einem orkanartigen Raunen anwachsen ließ, wenn er namentlich erwähnt wurde. Immer war er es, der zuallererst aus der Rolle fiel. Ich glaube, es hat nichts gegeben, was er sich in seinem Schülerdasein nicht geleistet hätte. Um es vorwegzunehmen, aus ihm ist trotzdem etwas geworden. Er steht jetzt seinen Mann und leitet ein großes Unternehmen.

Aber um ihn geht es gar nicht in der folgenden Geschichte, sondern um seine Großmutter. Sie war eine richtig gute Oma, die alles für ihren Enkel getan hätte, nur damit aus dem Buben etwas Gescheites wurde. Die Frau spürte wohl, dass ich mich über die Maßen für diesen Jungen einsetzte, um ihn durch die Hürden des Gymnasiums und der Pubertät zu bringen. Zum Dank für mein Engagement wollte mir die Großmutter etwas Gutes tun. Da ich selbst keinen Wunsch äußerte, machte sie sich auf die Suche nach einem geeigneten Geschenk für mich. Sie entdeckte im Vorraum meines Sprechzimmers ein altes Kanapee, das schon abgewetzt und nicht mehr neuesten Datums war. Es lohnte sich nicht, es neu zu beziehen, und so wartete es darauf, endgültig auf dem Sperrmüll zu landen. Dieses Kanapee fiel der Großmutter von Max in die Augen. Sie sah es und wusste, dass sie mir auf diesem Weg etwas Gutes tun konnte. Sie machte sich mit ganzem Herzen an die Arbeit und setzte sich unendlich für dieses grandiose Weihnachtsgeschenk ein. Sie stickte eine Decke, einen Überwurf für das alte Kanapee. Die Mühe, die sie diese Arbeit gekostet hatte, sah man dem Stück an. Mit Zeit hatte sie sicher nicht gegeizt. Zu solcher Hingabe und Liebe sind nur ältere Damen für junge Mönche fähig. Es entstand ein Wunderwerk an kunstvoller Stickerei: In der Mitte thronte eine Gebirgslandschaft, die wie echt in die blassblauen Höhen des

Himmels ragte, obenauf stand ein röhrender Hirsch. Eingerahmt wurde dieser Hirsch von einem wunderbaren Band aus Edelweiß, Almrosen und blauem Enzian. So echt hätte sie wohl niemand sonst machen können. Und über den röhrenden Hirsch in das Blau des Himmels hinein wehte ein Schriftband, darauf stand in Gold: »Schlummere sanft!«

Mich hätte fast der Schlag getroffen, als ich dieses Kunstwerk sah. Die Sprache hat es mir verschlagen. Ich musste einmal tief durchatmen, um nicht auf der Stelle umzufallen. Ich war entsetzt, Max' Großmutter aber strahlte. In allem Übel entdeckte ich auch noch einen kleinen Tipp- oder Stickfehler, wenigstens sah es so aus. Ich las nicht »Schlummere sanft«, sondern »Schlammere sunft«!

Was macht man mit einem solchen Herzensgeschenk? Es bleibt einem nichts anderes übrig, als es anzunehmen, zu ertragen und dabei an die Arbeit des Herzens zu denken, der es gelang, ein so großes Stück zu sticken. Ich glaube auch, dass ich mich wirklich über solche Kraft der Liebe freuen muss, auch wenn mir dabei ein kalter Schauer über den Rücken läuft.

Es geht ja schließlich nicht um das Bild, das ich auf der Decke sehe, sondern um die Liebe, die aus dem Herzen kommt. Seitdem gehe ich vorsichtig mit Dingen um, die ich an andere verschenke, und noch vorsichtiger mit Geschenken, die man mir bringt, vor allem, wenn sie verpackt sind und ich nicht weiß, als was sie sich entpuppen.

Und ich freue mich wirklich über ein Geschenk, das von Herzen kommt und wofür sich Menschen auch engagiert haben, mehr als über ein Kuvert, das einen Geldbetrag enthält.

Ich darf nicht überheblich sein und mich zum Maßstab derer machen, die mich beschenken wollen und die für mich da sind. Zwischendurch habe ich mich gefragt, ob der röhrende Hirsch vielleicht auch ein wenig auf mich gemünzt war. Ich hätte mich nicht so sehr dagegen zu wehren brauchen, wenn er nicht auch mein eigenes Abbild gewesen wäre.

Und wer sagt mir denn, dass meine Geschenke, die ich anderen mache, nicht ebenso ankommen wie der röhrende Hirsch im Almrausch, umgeben von Edelweiß, bei mir? Denn über Geschmack lässt sich bekanntlich nicht streiten, und es ist höchst wahrscheinlich, dass ich nicht immer den Geschmack der anderen treffe, wenn ich ihnen etwas schenke.

Seit damals versuche ich, es mit Geschenken möglichst einfach zu halten. Ich verschenke meist brauchbare Dinge, einen Laib Brot oder eine Flasche Schnaps und für die ganz Frommen eine Kerze. Aber das ist schon das höchste der Gefühle. Zu sehr fürchte ich mich davor, jemandem einen röhrenden Hirsch anzudrehen, auch wenn »mein Hirsch« das schönste Kunstwerk sein sollte. Für andere ist er vielleicht nichts als eine große Zumutung.

Zur Ehrenrettung von Max' Oma möchte ich jedoch ausdrücklich betonen, dass sie mir, wenn ich es jetzt bedenke, eine große Freude in meinem Leben gemacht hat und dass sie mir eine Sternstunde geschenkt hat, auch wenn ich im ersten Moment die Sterne nicht sehen konnte vor lauter Edelweiß und Enzian.

Ich habe mich verloren

In der Wüste der Sucht

Die Sucht hat kein Gesicht, obwohl sie viele Formen hat. Der Süchtige hat einen schrecklichen Verlust erlitten. Er hat sich selbst verloren, ganz gleich, ob es sich um Alkohol, Nikotin oder andere Abhängigkeiten handelt, wie zum Beispiel die Spielsucht.

Süchtig werde ich immer heimlich. Niemand merkt es zunächst, am wenigsten ich selbst. Es fängt ja alles so harmlos an. Meist möchte ich mir etwas Gutes tun oder ein gutes Gefühl haben. Ich möchte mich entlasten, entspannen oder eine tolle Chance wahrnehmen. Am Anfang funktioniert das auch ganz gut. Ich bin so gut drauf. Alle lieben mich, und ich liebe auch alle anderen. Es ist die Illusion, dass alles gut wird.

Und doch tut sich ein dunkles Loch, ein Abgrund an Leib und Seele auf, weil einfach nichts mehr da ist. Nur noch die Leere in mir wird immer größer. Immer mehr, noch stärkere Mittel müssen her. Und auch das genügt irgendwann nicht mehr. Ich schäme mich, weil ich es ohne die Droge nicht mehr schaffe, und verliere die Lust auf das Leben. Was bleibt, ist nur noch Frust am Leben, nur noch Lust auf Sucht in mir. Es ist so, als ob ich nicht mehr ich selber wäre. Keiner darf es merken. Auch wenn ich mich mit anderen Süchtigen zusammentue, isoliere ich mich immer mehr und mehr. Unter den Süchtigen darf sich keiner finden, obwohl alle meinen, sich selbst gefunden zu haben. Der Mensch wird zur Flasche, zum Glimmstängel oder zum Spielautomaten.

Alle Süchte führen zur Lähmung des Herzens, sie haben schwerste Auswirkungen auf Leib und Seele. Um nur ein paar Beispiele zu nennen: Unsere Gelenke werden in Mitleidenschaft gezogen, die Verdauung funktioniert nicht mehr. Haut und Sinnesorgane sterben langsam ab.

✶ ***Es ist eine Illusion, wenn wir glauben, alles gefunden zu haben.***

Das Leben wird zerstört, wenn ich der Illusion verfalle, dass ich alles finden, haben, besitzen muss oder dass ich alle Schwierigkeiten in mir bereinigen kann und für alle Probleme eine Lösung haben muss. Immer wenn ich meine, alles gefunden zu haben, hört meine Suche auf, und die Sucht beginnt. Wir streben nach Perfektion: Ich muss immer glücklich, erfolgreich und angesehen sein. Um das zu erreichen, quäle ich meinen Leib mit Abmagerungskuren, setze ihn dem Stress des Erfolges aus und zerstöre dabei meine Seele. Lange Zeit glaube ich an Scheinerfolge und steigere mein äußerliches Wohlbefinden durch Selbstzerstörung. Das Herz und die Seele aber wissen, dass nur der Suchende glücklich wird, nicht der, der meint, alles gefunden zu haben. Vor allem aber ahne ich selbst, dass ich mit Perfektion und Äußerlichkeiten meiner Seele nichts Gutes tue. Die Seele will ja wachsen, sie ist in Bewegung und voller Unruhe.

Das gilt für alle Lebensbereiche. Wenn ich aufhöre, einen Menschen, den ich liebe, jeden Tag neu zu suchen, dann habe ich ihn verloren. Wenn ich alle Schätze der Welt gefunden, erworben oder ergaunert habe, bin ich der ärmste Mensch auf dieser Welt, weil es dann nichts mehr gibt, wonach ich mich sehne. Wenn ich meine, ich hätte alles gefunden, bin ich tot.

✷ *Der Stern der Sehnsucht leuchtet auf, wenn wir erkennen, dass kein Mensch vollkommen ist.*

Zu erkennen, dass ich und andere unvollkommen sind, lässt den Stern der Sehnsucht aufleuchten, den Stern der Hoffnung und des Glaubens. Wir stoßen uns an den Unvollkommenheiten des Lebens. Aber sie wecken in uns doch etwas wie eine Hoffnung, dass es in uns trotz aller Halbheiten etwas Ganzes gibt, etwas, das wir noch erreichen wollen und können, das wir erhoffen oder erbitten.

✷ *Unvollkommenheit ist eine Gnade, die in uns die Sehnsucht nach dem Leben wachruft.*

Sehnsucht hält uns in Bewegung, auch wenn es Enttäuschungen gibt. Wenn sie lebendig bleibt, wachsen in ihr und mit ihr Glaube, Hoffnung und Liebe. Sie ist Lebens- und Hoffnungsimpuls, gegen alles Misstrauen. Sie entdeckt die vollkommene Schönheit im Vorläufigen, im Unvollendeten, sogar im Verlust und in der Trostlosigkeit eines Wüstentages.

Sehnsucht ist keine Träumerei der Fantasie, sondern die nüchterne, herzliche, feinfühlige Kraft der Achtsamkeit, die mit wacher Klugheit über alles vordergründige Dunkel hinaus das Licht des Lebens im Auge behält und gerade im Dunkeln – mag das Loch noch so tief sein – Herz und Hände und Augen zum Himmel erhebt. Sehnsucht lässt sich nicht entmutigen, denn ihre größte Kraft ist die Demut, die weiß, dass Leben Suche bedeutet, und nicht Finden.

Das Wasser geht unter die Haut

Sternstunden im Leben sind oft winzig klein, wie die Sterne am Himmel. Ich erkenne sie nicht von alleine, wenn Wolken am Himmel oder vor der Seele stehen. Ich überhöre oder übersehe sie. Sternstunden ereignen sich auch nicht nur in großen heiligen Heilszeiten des Menschen, sondern sie begegnen mir, wenn ich aufmerksam und hellhörig bin und die Zeichen des Himmels und der Erde wahrnehme.

Natürlich können sich auch in heiligen Zeiten Sternstunden ereignen. Ich liebe deshalb vor allem die Weihnachtszeit und das Osterfest. Ich erinnere mich an einen Gründonnerstag, genauer an den Abend dieses Gründonnerstags. Es ist jener Abend, an dem nicht die Worte, sondern die Zeichen selbst sprechen. Es ist der Abend, an dem Jesus Brot und Wein an seine Jünger ausgeteilt hat, und es ist der Abend, an dem er seinen Jüngern die Füße gewaschen hat. An einem solchen Tag müsste man eigentlich verstummen. Alles, was da gesagt werden soll und gesagt werden will, ist nichtssagend gegenüber der Wahrheit, die im Handeln Jesu liegt.

Und doch ist es besser, dumm zu reden, als intelligent zu verstummen. Denn das Reden vor Gott, auch wenn es nur ein Gestammel ist, bringt mich jenem Petrus näher, der auch nur stammeln konnte in seiner vorlauten Schwäche und der gerade mit dieser Schwäche – er wehrte sich, weil Jesus selber ihm die Füße waschen wollte – von Jesus angenommen und geliebt wurde. Es ist auch deswegen besser, dumm zu reden, als gescheit zu verstummen, weil dieses Verstummen zeigt, dass wir nichts verstanden haben. Verstummen wir, kann es leicht passieren, dass wir wie Judas verbittert reagieren. Er ging in die Nacht des Schweigens und des Verstummens hinaus, um Jesus, seinen Freund, zu verraten, weil er mit seinem Verstand nicht verstehen konnte, weil er sich nicht anrühren ließ und sein Herz sich deshalb nicht bewegen konnte.

Sternstunden sind Stunden, in denen mein Herz berührt wird, sie bringen unser Herz dem näher, der sich uns Menschen immer zuwendet, um uns zu zeigen, dass er uns ohne Ansprüche liebt, ohne Hintergedanken. Aber es ist noch viel mehr. Denn ich erfahre in einer Sternstunde Gottes- und Menschenliebe, die einmalig ist. Wertschätzung, Ehrfurcht und Zuneigung kommen mir entgegen. In einer Sternstunde sagt mir Gott, dass ich liebenswert bin, auch wenn ich dies überhaupt nicht hören und glauben kann.

Es ist schwierig, sich im Innern von der Liebe Gottes und der Menschen berühren zu lassen, weil mich diese Liebe verändert, weil sie mein Leben, mein Verhalten zu den Menschen verändert, weil ich nicht nur an die große Wandlung von Brot und Wein glauben muss, sondern auch bereit sein muss, mich durch die Liebe Gottes und der Menschen verwandeln zu lassen. Deshalb gehören an einem heiligen Tag wie dem Gründonnerstagabend die Fußwaschung und die Wandlung von Brot und Wein, das Abendmahl, ganz eng zusammen. Beides sind Zeichen, dass Gott uns alle liebenswert macht durch seine Zuneigung und Liebe.

Ich möchte von einer Fußwaschung ganz eigener Art erzählen, die ich vor einigen Jahren in der Karwoche bei Schülerexerzitien erlebt habe und die mich tief bewegt hat und immer noch bewegt.

Wir, die Exerzitienbegleiter eines Schülerkurses, luden beim Abendmahlgottesdienst die Schüler, die dieses Zeichen annehmen wollten, ein, zur Fußwaschung zu kommen. Da saßen nun viele mit bloßen Füßen an den Stufen des Altares, und wir wuschen ihnen die Füße. Da kam ich zu einem, der hatte seine Socken noch an. Als ich ihn erstaunt ansah, flüsterte er mir zu: »Die Socken sind auch dreckig! Die brauchen das Waschen auch.« Ich stutzte, wusste nicht, was ich tun sollte. Aber weil ich mich auch vor dreckigen Socken nicht fürchte, goss ich das Wasser über diese dreckigen Socken und ging dann weiter zum Nächsten.

Der Junge musste bald darauf verschwunden sein, weil ich ihn während der Messfeier nicht mehr sah. Das beunruhigte mich. Also machte ich mich auf die Suche und fand ihn allein in seinem Zimmer, weinend im Bett mit seinen nassen, dreckigen Socken. Nachdem ich ihm die Socken ausgezogen und die Füße abgetrocknet hatte, beruhigte er sich und sagte immer wieder: »Das geht mir alles so unter die Haut. Als du das Wasser über die Füße mit den Socken geschüttet hast, da habe ich gemerkt, dass ich nicht glauben kann und will, dass ich liebenswert bin und angenommen werde. Ich wollte die Socken anbehalten, damit du mich nicht anrühren kannst, weil ich Angst habe, obwohl ich das niemandem sage. Aber dieses Wasser geht unter die Haut.«

Das, was er da gesagt hatte, und das Gespräch, das dem folgte, geht mir heute noch nach. Ich frage mich, ob ich nicht auch so bin wie dieser kleine Petrus. Wie gerne möchte ich von Gott und von Jesus und auch von den Menschen angerührt werden, schütze mich jedoch vor der Berührung durch meine Socken des Stolzes, des Eigensinns, des Misstrauens, des Zweifels und der Angst. Aber das Wasser der Güte Gottes durchtränkt alle unsere Schutzwälle und geht uns unter die Haut, wenn wir es zulassen, dass wir spüren. Und wenn ich da nicht aufpasse und mit den nassen Socken weiter herumlaufe in der Kälte des Lebens, in der Kälte meines Herzens, werde ich mir eine Erkältung holen, mit einem kräftigen Schnupfen und Fieber an Leib und Seele. Die Gefahr der Verbitterung und der Herzenshärte wäre groß.

Ich bin diesem kleinen Petrus, der mittlerweile schon erwachsen ist und selber Kinder hat, dankbar, dass er in den Socken zur Fußwaschung kam und nicht mit kalten, wasserdichten Gummistiefeln der Selbstgerechtigkeit und Ignoranz oder den strammen, undurchdringlichen Militärstiefeln der Rechthaberei, der Gewalt und der Arroganz. All diese Eigenschaften sind ja nichts anderes als ein Schutzwall und oft eine Mauer für die Seele.

Ich wünsche mir dringlichst, dass ich mich nicht nur an heiligen Tagen, sondern auch im Alltag auf den Weg mache, um Gottes und der Menschen Liebe unmittelbar zu erfahren. Auch wenn ich heute noch die Socken oder Stiefel anhabe. Es könnte ja sein, dass ich bald einmal bereit bin, sie abzulegen.

Irgendwann einmal, vielleicht schon morgen oder übermorgen, werden wir Socken und Stiefel durchgelaufen haben und berührt werden von der Erde und wahrscheinlich auch vom Himmel, vielleicht auch – Gott gebe es – von jenem milden Wasser der Gnade und der Liebe, die uns in der Geschichte der Fußwaschung am Gründonnerstag so handgreiflich gezeigt wird.

Zu viel und zu wenig

In der Wüste der Maßlosigkeit

Stress ist eine Wüste, die uns durch Maßlosigkeit, durch Forderungen, durch Zeitdruck und Beziehungslosigkeit auslaugt und den letzten Lebensfunken in uns löscht, sodass wir ausgebrannt sind.

Die Stresswüste ist nicht leer, sondern übervoll mit Terminen, Verpflichtungen, Arbeiten, äußerlichen Anforderungen und inneren guten Vorsätzen, die – einzeln betrachtet – (zumeist) sinnvoll und richtig sind. In dieser Wüste wollen wir immer und alles sofort und auf einmal haben und erreichen. Wir missachten dabei unsere Grenzen und die der anderen. Entweder bin ich geizig oder ich bin verschwenderisch, auf jeden Fall verliere ich die Realität aus den Augen. Ziele erreiche ich nie, weil mir jedes Ziel zu gering erscheint. Anerkennung gewähre ich nicht, weil der andere nicht mehr erbracht hat, als möglich war. Denken und Handeln verlieren ihre Effizienz, weil alles ein Fass ohne Boden ist. Trotz aller Erfolge gibt es meist nur Leerlauf. Wir fahren im Stand mit Vollgas und vergeuden unsere Kräfte, weil wir den Kern der Dinge übersehen, Beziehungen missachten und unsere Maßlosigkeit zum Maß aller Dinge machen. Wenn wir dann alle echten Beziehungen, auch die zu uns selbst, verloren haben, schleicht sich das Gefühl der Sinnlosigkeit ein.

Was hat mein rastloses Hasten für einen Sinn, wenn dabei Familien und Gemeinschaften zerstört werden? Was nützt das schönste Haus, wenn niemand darin wohnen will? Wozu das schnellste Auto, wenn meine Seele lieber langsam gehen will?

✳ *Stress entsteht, wenn die Seele maßlos wird.*

Wir glauben, dass wir in die Wüste von Stress und Maßlosigkeit geraten, weil wir zu viel Arbeit haben oder unter Zeitdruck kommen. In Wirklichkeit aber kommt dieser Stress nicht von außen, sondern von innen. Die Sklaventreiber sind meist weder andere Menschen noch schlechte Rahmenbedingungen. Das ist zwar auch möglich. Aber die wirklich gefährlichen Sklaventreiber sind wir selbst. Es sind unsere maßlosen Ansprüche an uns und andere. Wir sehen nicht mehr, dass wir ausgelaugt und erschöpft sind, und gehen über Leichen, zuerst über die eigene, das Ganze unterfüttert mit vermeintlich gescheiten, sinnvollen und überzeugenden Argumenten. Die Maßlosigkeit besteht aus Herz- und Gefühllosigkeit und einem großen Mangel an Sensibilität, die sich hinter Argumenten der Zweckmäßigkeit und der Wirtschaftlichkeit verbergen. Häufig verbirgt sich hinter diesen Stresstreibern eine tiefe Ohnmacht und die Befürchtung, sich mit der eigenen Schwäche und den Grenzen auseinandersetzen zu müssen. Das erste Organ des Körpers, das dadurch krank wird, ist unser Herz. Es wird durch diese maßlosen Übertreibungen gelähmt. Aber auch unsere Seele wird krank. Schlaf- und Appetitlosigkeit oder Essen zum Abbau von Stress zeigen, dass wir das rechte

Maß verloren haben. Es sind wüste Folgen, die sich die Betroffenen, blind für die Ursachen, nicht erklären können. Schuldzuweisungen treiben uns nur noch weiter in diese Wüste hinein.

✶ *Schritt für Schritt, eins nach dem anderen.*

Der müde und erschöpfte Wanderer in der Wüste der Maßlosigkeit bricht irgendwann zusammen und kann dann nicht mehr weiter. Weil er nicht mehr weiterhasten kann, gibt er ganz auf. Für ihn gibt es kein anderes Tempo, als immer mit 150 Stundenkilometern zu rasen. Und dann ist der Tank leer. Die Batterien sind alle. Diese Situation kann eine Sternstunde sein. Der Stern sagt uns: »Steig aus! Lass den alten Karren stehen! Und mach einen kleinen Schritt nach dem anderen. Leg den Steuerknüppel aus der Hand, mit dem du dich nur selbst quälst!«

Wenn sich der Rauch und der Nebel der Enttäuschung gelegt haben, wird ein Stern aufleuchten, der uns den Weg zeigt. Manchmal braucht man dazu einen Sternkundigen, der uns mit Geduld lehrt, die Binde von den Augen zu nehmen und einen Stern wirklich zu sehen.

Die beste Hilfe für erschöpfte Maßlose ist das bewusste und langsame Gehen. Bei dieser Art des Gehens lernt man neu, dass ein Schritt nach dem anderen kommt und wir nie alles auf einmal bewältigen, sondern immer eine Sache nach der anderen.

Nehmen wir diesen Stern wahr, wird uns innere und äußere Balance geschenkt, und die heitere Gelassenheit sichert uns langfristig das Leben und führt uns zum Erfolg.

Die Pechsalbe

Marta war in ihrer Gemeinde eine Institution, auch nachdem sie durch einen Schlaganfall an den Rollstuhl gefesselt war. Jahrzehntelang hatte sie mit Umsicht und Liebe nicht nur den Pfarrhaushalt verwaltet und den Pfarrer, so gut sie konnte, unterstützt, ihm das Gröbste oft abgenommen und, wenn Not am Mann war, überall in der Gemeinde geholfen. Sie war einfach auch eine gute Seele.

Ich hatte von Marta auf Umwegen erfahren. Ich war auf der Suche nach jemandem, der noch das Rezept für Pechsalbe kannte, das echte Rezept, das nur mündlich weitergegeben wurde und nirgendwo schriftlich niedergelegt war. Das Rezept galt als Geheimnis, das nur von Wissenden an Wissende weitergegeben wurde. Um dieses Rezept wurde kein großes Trara und Tamtam gemacht. Wer es bekam, bekam es nicht für sich, sondern immer nur, um es an andere weiterzugeben, an solche, »die auch etwas verstanden.« Ich war also auf die Marta gestoßen und zu ihr gefahren, um sie zu bitten, mir das Rezept für die Pechsalbe zu verraten. »Natürlich kann ich es dir verraten«, erklärte sie mir lächelnd. »Setz dich her, ich sage dir, wie es geht.«

Und dann begann sie. »Du nimmst einen Kübel Fichtenpech und lässt es mit der gleichen Menge Wasser kochen, einen Rosenkranz lang. Dann gießt du das Wasser ab und lässt das Ganze ohne Rinden noch einmal einen Rosenkranz lang kochen ...«

»Wie lange soll ich es kochen lassen?«

»Zuerst einmal einen Rosenkranz lang und dann noch einmal einen Rosenkranz lang!«

Ich war einigermaßen naturwissenschaftlich und kritisch geschult, sodass mir diese Angaben etwas undeutlich erschienen, daher fragte ich nach: »Langsam oder schnell beten?« Die Antwort war kurz und bündig: »Beten, g'scheit!« Es gab also ein Gebet, das nicht gescheit war und das wohl nicht greift, vor allem dann nicht, wenn man Pechsalbe macht.

Dann fuhr Marta fort: »Der Hälfte von dem Pech Melkerfett, das grüne, hinzugeben, die Hälfte davon abschöpfen und Bienenwachs dazugeben und, solange es warm ist, zwei Hände voll Kamillenblüten, das Grüne von den Hollerstauden, ein Stück Zwiebel, Salbeiblätter, Ringelblumen, von allem eine Hand voll dazugeben, außerdem Propolis, und mit zwei Absätzen des Rosenkranzes so lange rühren, bis die Salbe gestockt ist.« »Wie lange soll man rühren?«, lautete meine Frage wieder. Da schaute sie mich an, mit ein wenig Zweifel in Blick und Stimme, und sagte: »Wenn du nicht g'scheit beten kannst, dann kannst auch keine g'scheite Salbe machen.«

Da verstand ich. Das, was sie sagen wollte, begriff ich in diesem Augenblick sehr gut. Wenn du keine Beziehung herstellen kannst zwischen deinem Gebet und dem, was du tust, vor allem wenn du heilen willst, wird das, was du tust, weder für dich noch für andere sinnvoll und nützlich sein. Hier wurde mir deutlich, dass es nicht auf Längen oder Kürzen, auf Zeitberechnungen, auf Maßeinheiten ankam, sondern dass ich mit dem Herzen bei der Sache sein musste. Ich erinnerte mich an tibetische Mönche, die, während sie ihre Pillen und Tinkturen herstellen, ununterbrochen ihre Mantras murmeln. Sie zählen sie nicht. Sie beten. Und mir wurde auch klar, dass so, wie ich bete, ich auch arbeite.

Wenn ich Freude an einer Sache habe, wenn ich mich innerlich engagiere, wenn ich Frieden und Zuversicht fühle, mein Inneres mit meinem Tun harmoniert, wenn ich zwischen meinen Gefühlen und Gedanken sowie meinem Handeln eine Beziehung herstellen kann, dann gelingt mir das Gebet. Gutes Beten ist die Kunst, sich mit sich selbst, den Menschen, Gott und dem, was ich tue, in Beziehung zu setzen.

Wie herzlos beten wir oft, wie herzlos arbeiten wir. Oft bete ich aus Angst und arbeite mit Angst. Ich habe Angst vor Gott, dass er mich bestraft oder mich nicht liebt, dass er mich ausgrenzt, wenn ich nicht bete. Und ich habe genauso Angst vor meinem Chef, wenn ich nicht richtig arbeite und dafür bestraft werde. Aber die Angst ist ein schlechter Lehrmeister für das Gebet und für die Arbeit.

Wenn wir zu dem, was wir tun, denken und fühlen, keine Beziehung mehr haben, gelingt uns weder das Gebet noch die Arbeit. Wir wollen Anerkennung und Belohnung. Von Gott erwarten wir meistens ein Wunder, vom Chef meistens mehr Geld. Leider gehr nur selten eins von beiden in Erfüllung und wenn, dann nicht so, wie wir es uns gewünscht hätten. Aber ohne Herz geht gar nichts. Ohne Herz können wir nicht leben. Deshalb ist es so wichtig, dass wir nicht wie eine Maschine funktionieren, sondern uns mit ganzer Hingabe für das engagieren, was wir gerade tun, ganz gleich, ob es das Gebet oder die Arbeit ist.

Ich habe vor Kurzem in einer Predigt sehr für Verunsicherung meiner Zuhörer gesorgt, als ich sagte: »Ich möchte ein Lob der Schwarzarbeit singen.« Schwarzarbeit boomt, sie ist der am kräftigsten wachsende Wirtschaftszweig in Europa. Die Zuwachsraten sind enorm. Ich wurde dabei sehr missverstanden, denn ich wollte nicht die Menschen ermuntern, schwarz zu arbeiten. Ich wollte ihnen nur klarmachen, dass ich mit großem Erstaunen immer wieder feststelle, dass Menschen, die schwarzarbeiten, oft besser und engagierter arbeiten als diejenigen, die in einem normalen Arbeitsverhältnis stehen. Ich kann mir nichts anderes vorstellen, als dass es gewichtige Gründe dafür gibt. Einige davon kenne ich. Ich glaube, dass Menschen eine Beziehung zu ihrer Arbeit und zu den Menschen aufbauen können und müssen, wenn sie gut arbeiten und leben wollen. Der größte Wunsch aller ist es, durch die Arbeit selbst zu einem besseren Leben zu finden. Dabei spielt nicht nur das Geld eine wichtige Rolle – mag es auch ein Grund für die Schwarzarbeit sein –, sondern auch das Wissen, dass ich und meine Arbeit anerkannt, ja wertgeschätzt werden. Wir sollten möglichst immer so beten und arbeiten: mit ganzem Herzen, mit ganzer Seele, mit aller Kraft. Das ist das erste Gebot Gottes, wahrscheinlich ist es die Liebe, die Menschen zu solchem Handeln bewegen kann.

Oft bin ich wirklich davon überzeugt, etwas Gutes zu tun oder es wenigstens zu wollen. Ich versuche, mir alle Grundsätze noch einmal klarzumachen, versuche, Regeln aufzustellen und einzuhalten, versuche, mich an Vorgaben zu halten, die durchaus sinnvoll und richtig sind. Dabei vergesse ich, dass neben all den Regeln meine innere Haltung entscheidend ist, indem ich eine Beziehung herzustellen versuche zu dem, was ich tue.

Das muss sich nicht unbedingt in meinem Verhalten, im Verhalten der Menschen widerspiegeln. Schließlich halte ich mich immer noch korrekt an die vereinbarten Spielregeln. Das tue ich auch als guter und kompetenter Psychotherapeut. Und doch ist es etwas anderes, wenn ich einem Menschen als Geschöpf Gottes begegne, das ich auch selber bin, wenn ich ein Stück weit solidarisch mit ihm bin. Wir sind alle Geschöpfe Gottes. Überdies kann ich meinem Gegenüber mein Herz zuwenden, und selbst wenn ich den anderen nicht direkt erreiche, kann ich mich mit meinem Gebet Gott zuwenden, der in seiner Güte und in der Fülle seiner Gnade mein Engagement dort hinleiten wird, wo es am besten im Energiehaushalt der Gnadenquellen aufgehoben ist.

Ich tue, was ich will

In der Wüste ohne Grenzen

Immer nur das zu tun, was ich will, was ich für richtig halte, was mir behagt und mir nützt, ist Willkür und bringt mich in die grenzenlose Wüste des Egoismus, in der nur noch ich Platz habe, sonst niemand. Wenn ich von Willkür spreche, dann deswegen, weil nicht das sensible, verantwortliche Denken und Handeln gemeint ist, mit dem ich kraftvoll das als richtig Erkannte durchzusetzen versuche.

Die egoistische Willkür beginnt dann, wenn ich auf meine Mitmenschen nicht höre und sie auch nicht sehe. Der Andere ist uns dann nicht nur fremd, er existiert gar nicht für uns. Und wenn doch, dann hat er nur eine Daseinsberechtigung, wenn er tut, was mir nützt und was ich will. Er ist kein Mensch, keine Person, kein Subjekt, kein Du, sondern Objekt, ein Werkzeug. Wenn der Andere mich einschränkt, weil er selbst existieren, denken und handeln will, ignoriere ich ihn, denn er will mir Grenzen setzen, mich zur Auseinandersetzung zwingen, er stellt mich in Frage, will beachtet und geachtet werden, der Andere fordert mir Antworten ab und will, dass ich Verantwortung übernehme. Und dann will dieser Andere oder diese Andere vielleicht noch mehr: Gespräche, Verständnis, am Ende vielleicht auch noch Liebe – dann kann ich überhaupt nicht mehr tun, was ich will. Es gibt für mich nur noch wenige Möglichkeiten, dem zu entrinnen. Überall in dieser Wüste tauchen plötzlich diese Dus auf. Sogar eine kleine, graue Maus kann sich zum Subjekt mausern. Das macht Angst und kann schnell zur Aggression führen.

Der einsame Willküregoist hat ja nie gelernt, sich mit einem Du auseinanderzusetzen, und er hat nie erlebt, dass er, indem er von anderen Grenzen auferlegt bekommt, nicht nur angegriffen, sondern auch anerkannt, geachtet, geliebt und wertgeschätzt wird.

Er wird zum »Amokläufer«, der wild um sich schlägt, andere verletzt oder sogar tötet, weil jede Grenze, ja sogar die Existenz anderer für ihn eine Bedrohung darstellt.

Ich denke hierbei nicht nur an Terroristen oder echte Amokläufer, die in Schulen wild um sich schießen, wie erst jüngst wieder geschehen. Sie sind nur die Spitze eines Eisberges, den wir alle in uns haben.

Immer, wenn Kinder (Menschen) zum Objekt gemacht und missbraucht, wenn sie mit Affenliebe überschüttet werden oder wenn ihnen außer grenzenloser Übertreibung nichts geschenkt wird, kann sich kein stabiler Persönlichkeitskern entwickeln, sondern nur eine angstvolle Hülle, eine Attrappe, ein Panzer, der beim leisesten Windhauch zu zerfallen droht oder der sich zumindest aggressiv schützen muss.

✶ *Die Grenzen anderer achten heißt:*
leben und leben lassen.

In der unbegrenzten Wüste wird jeder Schritt zur Konfrontation, auch wenn ich es nicht einsehen will und kann.

In dieser Wüste der Willkür kann ich scheinbar gehen, wohin ich will, und ich kann scheinbar tun, was ich will. Aber ich werde jeden Augenblick mit meinen eigenen Grenzen konfrontiert. Das ist heilsam, weil ich mit mir und allem, was in mir ist, in Beziehung trete. Wenn ich mich dem verweigere, werde ich verhungern und verdursten oder in die Irre gehen und sterben.

Die Grenzen, an die ich stoße, machen mir bewusst, dass ich ein Mensch bin mit all seinen Stärken und Schwächen. Gerade deshalb bin ich beziehungsfähig. Je stärker die Konfrontation, desto stärker die Resonanz, das Empfinden von Trauer und Freude, von Schmerz und Glück. Wenn ich meine eigenen Grenzen wahrnehme, kann ich sie auch bei meinen Mitmenschen achten. Das heißt nicht, eigene und fremde Fehler zu ignorieren und zu beschönigen, sondern sie wahrzunehmen und in der Auseinandersetzung mit ihnen zu reifen. Wenn ich meine eigenen Grenzen achte, akzeptiere ich mich mit meinen Licht- und Schattenseiten. Diese Selbsterkenntnis hilft auch, die Grenzen anderer zu achten. Leben und leben lassen. Das ist die wichtigste Voraussetzung, um eine Beziehung aufzubauen. Nicht der Nutzen, den mir der andere bringt, oder sein Ansehen sind entscheidend, sondern dass ich ich sein kann und du du sein kannst. Aus diesem freien Dasein werden sich Begegnungen und Berührungen ergeben, die schmerzhaft, voller Glück, aufregend und erfüllend sind.

Diese zwischenmenschlichen Beziehungen sind der Boden für Entwicklung und Reifung.

Ich bin da.

In der Wüste am Sinai machte Mose an einem brennenden Dornbusch die Erfahrung, dass er in seiner Person, mit seinem Leben trotz seiner Fehler angesprochen, gefordert und berufen ist. Er spürt und glaubt, dass Gott sich ihm offenbart, dass Gott ihn ruft und dass er Verantwortung übernehmen muss, nicht nur für sich und sein Leben, sondern für das Leben eines ganzen Volkes. Mose fragt, wer der ist, der ihn ruft, und er bekommt die Antwort: »Ich bin da.«

Bis zu diesem Zeitpunkt hat er getan, was er wollte oder was er für richtig hielt. Jetzt verändert sich sein Leben. Er tritt in Beziehung zu dem, der da ist, und wird sein Freund. Er nimmt seinen Lebensauftrag an und findet seine Lebenserfüllung in dieser Beziehung, auch wenn er selbst das Ziel seiner Wüstenwanderung nur von weitem sehen kann. Nicht nur Gott offenbart sich in der Wüste, alles Leben offenbart sich dort.

Wie willkürlich ich auch handle, wie egoistisch ich auch lebe – wenn ich wahrnehme, dass ich durch eine Wüste wandere, kann mir in einer Sternstunde eine Gotteserfahrung geschenkt werden, die mir Leben in Fülle gibt. Dies können ganz merkwürdige Erfahrungen sein – bei Mose war es ein brennender Dornbusch. Es kann auch eine Begegnung mit einem Menschen sein. Das glaubende, hellhörige Herz weiß, dass da einer ist, der mich sieht, berührt, beruft, begleitet und liebt.

60:20:20

Ich bin, glaube ich, nicht der einzige Mensch, der in seinem Leben Erfolg haben möchte. Auch wenn es vielleicht einem Mönch, der in einem Kloster lebt und Demut üben sollte, nicht so gut ansteht. Aber der Erfolg und die Anerkennung sind mir wichtig, und das Lob anderer tut meiner Seele wirklich gut. Oft warte ich aber auch vergeblich darauf.

Nun habe ich gelernt, dass sich Sternstunden nicht nur dann einstellen, wenn ich auf der Welle der Sympathien schwimme, wenn ich reihenweise Lob einheimse und wenn die anderen mir zu erkennen geben, dass ich die eine oder andere Sache wirklich gut gemacht habe. Das sind die Dinge, von denen das Evangelium sagt, deine Linke sollte eigentlich nicht wissen, was deine Rechte tut, das heißt, wir sollten ein wenig gelassener werden, wenn Lob und Anerkennung nicht in dem Maß kommen, wie wir sie uns erhoffen.

Ich habe in meinem Leben in dieser Hinsicht viel lernen müssen. Als ich Assistent bei Ruth Cohn gewesen bin, in der École de Humanité in der Schweiz, und eine Lehrergruppe leitete, war das eine große Herausforderung für mich, denn ich war noch sehr jung, der jüngste der Teilnehmer. Eines Tages hatte ich wieder einmal trotz aller Bemühungen keinen Erfolg. Das Thema, das ich vorbereitet hatte, war zwar gut, aber es war nicht so formuliert, dass es wirklich in der Gruppe einschlug. Außerdem gehörten der Gruppe einige Leute an, mit denen ich zwar keine Schwierigkeiten hatte, die mir gegenüber aber doch etwas zurückhaltend waren. Also war das Treffen dieser Arbeitsgruppe an diesem Nachmittag schiefgegangen.

Ich kam einigermaßen niedergeschlagen zu meiner Lehrerin und klagte ihr mein Leid. Ich konnte einfach nicht verstehen, dass Lehrer, die eigentlich daran interessiert sein müssten, in gemeinsamer Arbeit und beim gemeinsamen Training alle Möglichkeiten der Supervision auszuschöpfen, um nachher bessere Lehrer zu sein, in der Gruppenarbeit so gleichgültig sein konnten.

Aber es schien nicht so zu sein. Da gab es wirklich absolut desinteressierte Leute. Einige waren so kindisch, dass sie sich in der Supervisionsgruppe genau so aufführten wie die Schüler, über die sie klagten. Und dann gab es auch noch ein paar, mit denen ich mich sehr gut verstand und die für den Fortgang der Gruppe alles Mögliche und Gute getan haben.

Das alles habe ich meiner Lehrerin erzählt. Sie hörte mir geduldig zu. Dann lächelte sie ein wenig und sagte: »Ich glaube, du kennst das Gesetz 60:20:20 noch nicht.« Ich verneinte.

»Weißt du, in jeder Gruppe, in der du etwas Gutes tun willst, ist die Verteilung folgendermaßen: 20 von 100 werden dir Sympathien entgegenbringen, dich unterstützen, und du wirst mit ihnen gut zusammenarbeiten. 60 von 100 werden dir desinteressiert, abwartend oder sogar gelangweilt gegenüberstehen. Und 20% werden dich ablehnen und das, was du tust, nicht gutheißen, wenn sie es schon nicht bekämpfen. Das ist ein eisernes Gesetz.«

Ich hörte ein wenig ungläubig zu. Ruth Cohn fuhr fort: »Im besten Fall kannst du das Gesetz verändern auf 40:30:30. Das heißt, 30% werden dir helfen, 40% werden mehr oder weniger teilnehmen oder nicht teilnehmen, und 30% werden dich ablehnen. So werden die Verhältnisse sein oder bleiben. Du aber glaubst, dass in jeder Gruppe, in die du hineingehst, dir 90% positiv gegenüberstehen müssen und du die restlichen 10% in der nächsten Stunde überzeugen wirst.«

Es war wirklich so, ich wollte bei allen, wenn möglich bei 100% aller Menschen, denen ich begegnete, beliebt und angesehen sein, ja, angenommen werden. Ich übersah, dass dies nie oder nur in ganz seltenen Fällen so sein kann. Seitdem ich versuche, mir immer wieder klarzumachen, dass es in jeder Gruppe Menschen gibt, die mich akzeptieren, und es in jeder Gruppe Menschen gibt, die mich ablehnen, kann ich ruhiger mit ihnen umgehen. Weder sind mir die Wohlwollenden sympathisch noch diejenigen, die Vorbehalte mir gegenüber haben, unsympathisch. Ich versuche mit Offenheit beiden Lagern zu begegnen und ihnen ein konstruktives Angebot zu machen. Ich versuche, die Widerstände zu erkennen und sie zu bearbeiten. Aber ich weiß auch, dass ich nie alle Schwierigkeiten und Vorurteile aus dem Weg räumen kann. Seitdem ich das weiß, kann ich ruhiger in den Tag hineingehen, kann mich ruhiger mit Schwierigkeiten auseinandersetzen, ich kann auch leichter ertragen, wenn ich in einer Gruppe spüre, dass ich abgelehnt werde. Es handelt sich um eine wirkliche Sternstunde im Leben, wenn wir dies akzeptieren. Nicht alles, was ich an Gutem tun möchte, wird auch anerkannt. Nicht alles, was ich an Gutem tun will, ist auch wirklich gut und für den Fortschritt einer Gruppe oder gar der Menschheit geeignet. Ich werde also lernen müssen. Die Kritik von anderen wird mir dabei helfen, klug zu unterscheiden und das rechte Maß zu finden bei dem, was ich denke und tue, was ich will und was mir gelingen kann und soll.

Die Kritik oder die Vorbehalte von anderen helfen mir auch, meine eigene Meinung und mein eigenes Können zu relativieren. Allzu leicht gerät man zu der Überzeugung, dass das, was ich denke, was ich tue und wie ich bin, das Heilsamste in dieser oder jener Situation ist. Die Kritik von außen, auch das Hinterfragen befreit mich von der Last, immer alles gut machen zu müssen und vor allem immer gut zu sein. Der Mensch, dem ich begegne und der mich hinterfragt, ist nicht nur einer, der mich destabilisiert, sondern immer auch einer, der mich stützt.

Das ist leichter gesagt als getan. Es ist schwierig, vom eigenen Idealbild zu lassen, vor allem von der Vorstellung, das ich mit dem, was ich bin und was ich kann, unglaublich Gutes tun werde. Es erfordert ein großes Stück Demut. Eine Demut, die voll Selbstvertrauen und Hoffnung die Realität des Lebens annimmt.

Manchmal, wenn es mir gut geht, lerne ich von Jesus Christus, der wie kein anderer, trotz seiner lauteren Überzeugung, vom Anfang seines Lebens an nicht nur abgelehnt, sondern sogar attackiert und verfolgt worden ist. Er sagt ja auch: »So wie es mir ergangen ist, wird es auch euch ergehen.« Dabei will ich für mich nicht in eine Märtyrerrolle schlittern, sondern zu einer nüchternen Einschätzung meines eigenen Tuns und Denkens kommen. Daraus wächst das Leben.

Wo gehöre ich hin?

In der Wüste der Heimatlosigkeit

Bei Heimatlosigkeit denke ich nicht nur an die Straßenkinder dieser Welt, die in Kanalschächten schlafen, oder an die Flüchtlinge, die in unvorstellbarer Zahl überall auf der Welt unterwegs sind, sondern auch an die Menschen, die von Event zu Event rasen und doch kein Zuhause haben, auch wenn sie ein Luxus-Penthouse als teure Wohnung besitzen. Ich denke an Lebenssituationen, die ich selbst erfahren habe, als ich nicht mehr wusste, wo ich hingehörte, weil ich aus Angst, Not oder Übermut geflüchtet war oder flüchten musste. Manchmal war der Auslöser meiner Flucht eine Täuschung oder die Illusion, dass es irgendwo besser und ein neuer Anfang möglich sei. Gott sei Dank traf das auch immer wieder zu, aber ich kenne die Wüste der Heimatlosigkeit auch heute noch und habe Angst davor.

Oft wundere ich mich, wie leicht ich mein Zuhause nicht achte, und damit meine ich nicht nur das Dach über dem Kopf oder die vier Wände mit einer Tür und einem Fenster. Diese Grundsicherheiten gehören auch dazu. Es geht um viel mehr. Es geht um die Erfahrung der Geborgenheit, mit all den Grenzen und Einschränkungen, die sie in sich birgt. Eine Großmutterstube, ein Fotoalbum, ein Baum im Garten, die Bilder von Vater und Mutter, der Geruch eines Essens, all diese Dinge vermitteln mir etwas, erinnern mich an etwas. Sie sagen mir, dass ich irgendwo herkomme, dass irgendwo meine Wurzeln sind, auch wenn die Konfrontation mit all diesen Erfahrungen nicht nur mit Freude und Stolz, sondern auch mit Gefühlen der Trauer und der Entwürdigung verbunden ist.

Weil diese alten Wunden nie ganz verheilen und Schmerz provozieren, sind viele Menschen immer wieder auf der Flucht vor ihren Erinnerungen und wollen kein Zuhause mehr finden, weil sie befürchten, dass sich diese dramatischen, oft entwürdigenden und unheilvollen Erfahrungen wiederholen. Am leichtesten, so meinen sie, können sie ihr Heil allein als Single finden, oder in einer Beziehung der Beliebigkeit und Unverbindlichkeit, in der Anonymität einer Großstadt. Nachdem sichere Arbeitsplätze immer rarer werden, hat man die Flexibilität im Beruf zur Ideologie gemacht und nimmt den Menschen auf diese Weise oft auch noch das letzte kleine Stück Heimat und macht ihnen Angst, nicht nur um das tägliche Brot, sondern Angst vor dem Verlust des Einkommens, das oft die letzte schwindende Sicherheit im Leben eines Menschen ist.

Der Mensch in der Wüste der Heimatlosigkeit irrt umher in einem Luxusauto, mit mehreren Handys und Frauen oder Männern. Damit er schlafen kann, trinkt er Alkohol, nimmt Drogen oder schluckt Tabletten. Aber eine Flasche und eine Medikamentenschachtel geben kein Zuhause.

Der Friede hat keinen Platz mehr.

Wenn ich den Fernseher einschalte, dann sehe ich meist nur Krieg, Kampf, Betrug und Verwirrung. Und das sind keine

Gewaltvideos, die ich mir da anschaue. Menschen werden einfach in die Luft gesprengt. Männer und Frauen betrügen einander. Kinder sind nur noch Problemfälle und machen Probleme und werden zu Risikofaktoren. Ohne Korruption und Schmiergeld geht nichts mehr. Der Reichtum von wenigen wächst auf Kosten vieler Armer. Es ist kein Wunder, dass niemand mehr in dieser Welt ein Zuhause haben kann und will.

Politiker stehen vielsagend und ratlos vor den Scherben ihrer Kriege. Banker sonnen sich am Meer, in dem sie Millionen versenkt haben. Lichtblicke sind ein paar Spendenaktionen, die Licht ins Dunkel bringen sollen. Gott sei Dank sind die Deutschen und Österreicher Spendenweltmeister. Irgendwo in dieser Wüste scheint es doch noch Lebenszeichen des Friedens zu geben, leise, unmerkliche, unscheinbare Zeichen, wie Sterne in der dunklen Nacht.

Oft kann ich die Sterne nicht mehr sehen, weil grelle Lampen jede Nacht zum Tag machen. Ich scheue mich ja selbst, in der Dunkelheit auszuharren und den Stern zu suchen, der einen Weg zeigt. Ich glaube ja selbst nicht mehr an dieses Wunder der Geburt eines Friedenssterns, wie es uns die Geschichte von Betlehem erzählt. Und dabei ist sie so einfach und so real, als würde sie heute geschehen. Eine schwangere Frau, ein Mann sind auf der Suche nach einem Ort, einem Platz. In einem Stall wird das Leben geboren, und die verachteten Hirten auf dem Feld sind die Ersten, denen der Friede verkündet wird.

Der Friede wird geboren in einem Stall, nicht auf den Marktplätzen, an den Börsen und in den Palästen dieser Welt. Er sucht sich Raum, zuerst im Herzen der Menschen, unter den Armen, nicht bei den Satten, sondern unter den

Demütigen, nicht unter den Missmutigen. Aber selbst die berührt dieser Stern, denn sie ahnen, dass er ihnen einen Weg aus der Wüste des Unfriedens zeigt.

✳ *Gastfreundschaft ist ein Heiligtum und ein Stern am Himmel.*

Immer sind wir auf dem Weg – oft führt uns dieser Weg durch die Wüste. Es ist ein Segen, irgendwo ein Haus, einen Menschen zu finden, der uns Gastfreundschaft gewährt. Wüstenbewohner wissen, dass Gastfreundschaft eine heilige Verpflichtung ist und dass ein gastfreundliches Haus und ein gastfreundlicher Mensch selbst zum Heiligtum werden. Die heiligen Schriften und Traditionen aller Religionen erzählen davon, und manch einer, der einen Gast aufgenommen hat, wurde reich beschenkt, nicht nur mit Geld oder Dankbarkeit, sondern mit einer Gotteserfahrung.

Abraham wurde zum Vater des Glaubens nicht zuletzt wegen seiner Gastfreundlichkeit. Der heilige Benedikt, der Vater der Mönche und des Abendlandes, glaubte, dass er mit jedem Gast und Fremden Christus selbst aufnimmt.

Gastfreundschaft ist mehr, als jemanden nur zu bewirten. Das gehört auch dazu. Mehr noch ist die Haltung der Aufmerksamkeit, mit der wir dem anderen Menschen, auch dem Fremden, Raum und Zeit schenken und nicht nur das Überflüssige mit ihm teilen, Ausdruck der Gastfreundschaft.

Reichen scheint das schwerer zu fallen als den Armen. Denn die Armen wissen, dass man sich die kostbarsten

Dinge nicht kaufen kann, sondern geschenkt bekommt, wenn das Leben geteilt wird. Der gastfreundliche Mensch hat keine Angst zu verlieren, denn er gibt ohne Absicht und Berechnung. Und wenn er sich selbst die Zeit nimmt und ein offenes Herz hat, wird er auch nicht ausgelaugt, sondern ist erfüllt von der Erfahrung, dass »Geben seliger macht als Nehmen«.

Echte Gastfreundschaft überfordert sich selbst nicht und auch nicht den Gast. Denn Bescheidenheit, Demut und Freundlichkeit sind die schönsten Sterne der menschlichen Seele.

Wenn ich Hunger habe, brauche ich kein Fünfgängemenü. Wenn ich Durst habe, brauche ich keinen Bermuda-Cocktail. Diejenigen, die solche Dinge suchen, wissen noch nicht, was Wüstentage und Sterne sind. Irgendwann einmal, wenn ihnen Lachstartar und Wachtelsülzchen zum Hals heraushängen und sie lange genug in der Wüste der Heimatlosigkeit umhergeirrt sind, werden sie sich nach der Sternstunde eines Butterbrotes sehnen, das ihnen jemand schenkt.

Kein Wunschkind

Situationen wie die, von der ich nun erzählen möchte, wünscht man sich weder als Mensch noch als Seelsorger, weil sie einfach die Kräfte, die uns zur Verfügung stehen, überfordern. Trotzdem möchte ich keine von diesen Situationen missen, weil das Leben und die Fülle des Lebens dadurch kostbarer und sinnvoller werden. Ahne ich denn wirklich, was in einem Menschen vor sich geht, worunter er leidet, woher er kommt und wohin er geht? Es sind dies bewegende Fragen, die sich jeder Mensch stellt, die aber fast nie ganz beantwortet werden können.

Die Frau war schwer krank, vom Tod gezeichnet. Der Krebs hatte ihr schon alle Lebenskräfte geraubt. Sie war so schwach, dass sie nur noch leise sprechen konnte. Das Leben ging zu Ende. Es würde wohl nach menschlichem Ermessen nicht mehr lange dauern. Sie wusste es und wollte noch etwas klären, etwas in Ordnung bringen, was sie sehr bewegt und berührt hatte. Auf mich war sie gekommen, weil sie einen Vortrag von mir gehört hatte über Betriebsorganisation oder Ähnliches. Ich konnte mich nicht daran erinnern. Sie hatte mich ausfindig gemacht, damit ich ihr behilflich sei. Als sie vor mir stand, gab sie mir einen Brief, den sie noch mit letzter Kraft und zittriger Hand geschrieben hatte, einen Brief, den ich nehmen sollte, um ihn, wie sie sagte, »an die richtige Stelle zu bringen.« Ich las folgende Zeilen:

Mein liebes Kind,
ich werde bald sterben und ich möchte Dir noch etwas sagen, das ich Dir immer wieder laut oder leise gesagt habe, das Du vielleicht nie hören konntest. In den Monaten der Schwangerschaft, bei der Geburt und dann die drei Tage nach der Geburt, bis ich Dich zur Adoption freigab und auch später noch: Du warst kein Wunschkind, aber ich habe Dich geliebt und wollte, dass Du lebst.
Verzeih mir alles Leid, das ich Dir zugefügt habe. Aber ich wollte, dass Du lebst.
Deine Dich immer liebende Mutter

So einen Brief hält man nicht alle Tage in Händen. Da ich merkte, dass die Frau sprechen wollte, ließ ich sie reden. Es fiel ihr schwer genug.

Sie habe keine gute Kindheit gehabt. Der Vater war ein Trinker und die Mutter zu gut für das Leben, sie habe sich immer aufgearbeitet und aufgeopfert, damit es wenigstens den Kindern gut ging, obwohl sie selbst unter der Situation schwer zu leiden hatte.

So recht und schlecht sei sie durch die Schule gekommen. Als Jüngste habe sie dann so schnell wie möglich das Haus verlassen, sich davongemacht, um dem Elend zu entrinnen. Und gescheiter wollte sie alles machen. Vor allem wollte sie nicht immer nur im Elend bleiben.

Nach einer Koch- und Kellnerlehre habe sie die Tourismusfachschule begonnen und sich bei einem Praktikum in den Juniorchef des Hotels verliebt. Für ihn war es eine Affäre unter vielen, für sie war es die erste große Liebe.

Und dann wurde sie schwanger. Für alle war klar, dass sie das Kind abtreiben sollte. Es gab darüber keine Diskussionen, kein Wenn und Aber. Es sei das Gescheiteste, und nach einer Woche sei alles vorbei, und das Leben gehe weiter. Sie sollte an ihre Ausbildung, an ihre Karriere denken, das sei doch so wichtig. Auf diese Weise hätte man die wenigsten Scherereien mit diesem Zwischenfall.

Aber sie konnte es nicht. Sie brachte es nicht über das Herz. »Ich wollte immer, dass es meinen Kindern einmal besser geht als mir, dass sie ein Leben führen können, das voller Frieden ist. Und jetzt sollte ich mein erstes Kind abtreiben. Das habe ich nicht geschafft.«

Unreif sei sie gewesen, und die Last der Schwangerschaft und der Geburt und all das, was damit zusammenhing, schien ihr unerträglich zu sein. Das Schwere habe sie sehr gut gesehen. Sie war in diesem Augenblick unfähig zu allem, auch unfähig zu leben, bei alledem jedoch nicht fähig, dem Schwangerschaftsabbruch zuzustimmen.

So habe sie sich dazu durchgerungen, die Schule abzubrechen, beziehungsweise kurzzeitig zu unterbrechen. Sie suchte auf eigene Faust ein Mutter-Kind-Haus, in dem sie während der Schwangerschaft wohnen konnte, und brachte das Kind zur Welt. Nach drei Tagen gab sie es zur Adoption frei. »Neun Monate war das Kind in meinem Bauch und drei Tage an meiner Brust. Ich wollte, dass es lebt. Auch wenn mir selbst dabei das Herz fast gebrochen ist.«

Dann begann ein unstetes, aber auch erfolgreiches Wanderleben. Sie schloss die Fachschule ab, ging ins Ausland, machte eine ansehnliche Karriere. Beziehungen kamen und gingen. Ein festes Zuhause habe sie sich immer gewünscht, aber nie gefunden, denn »vielleicht habe ich immer nur mein Kind gesucht und es nie gefunden.«

Dann kam es zu immer mehr Brüchen in ihrem Leben. Sie spürte, dass sie nicht mehr leistungsfähig war. Die Beziehungen, die sie einging, versprachen viel und hielten wenig. Sie selbst sei ja auch nicht fähig dazu gewesen. Manchmal bedaure sie dies alles. Aber sie sei nicht immer unglücklich gewesen. Jetzt sei sie seit zwei Jahren krank und habe den Kampf mit dem Krebs verloren. Diese Zeit habe sie zum Nachdenken gebracht. Jetzt wolle sie noch einmal versuchen, wenigstens diese eine Botschaft, die ihr so wichtig war, in die Welt hinauszuschicken. Sie wisse nicht, wo ihr Kind sei. Irgendwo in Deutschland sei das gewesen, und sie könne sich an die Details nicht mehr erinnern. Zu viel musste sie verdrängen, um nicht immer an ihr eigenes Schicksal und

Leben erinnert zu werden. Ihre Stimme wurde immer schwächer. Ich fragte sie noch, ob sie sich an das Datum der Geburt erinnern konnte. Das konnte sie, und sie gab mir das Datum. Ob sie sich denn vielleicht an ein sonstiges Detail erinnern könnte, an einen Gegenstand oder sonst etwas. Nein, vieles sei verloren gegangen in diesem Leben. Aber dann sagte sie mir noch: »Der Name der Fürsorgerin oder der Sozialarbeiterin, die alles in die Wege geleitet hat, lautet Lilly Bitterstein.« Sie sei aber kurz nach der Adoption in eine andere Stadt gezogen, und sie wisse nicht wohin.

Die Kräfte der Frau ließen nach, und ich wusste, dass ich nicht mehr viel fragen durfte.

Am nächsten Tag ging ich noch einmal zu ihr, und in dieser Stunde verlosch ihr Leben.

Ich blieb zurück mit einem Brief, einem Geburtsdatum und dem Namen einer Sozialarbeiterin: Lilly Bitterstein.

Ich habe eine Reihe von Schriftstücken und Briefen in einer Mappe in meinem Safe liegen und lasse sie dort wahrscheinlich auch liegen, weil es den Absender oder den Adressaten nicht mehr gibt. Oder weil ich selber unfähig bin, auf das Problem, das darin geschildert wird, adäquat zu antworten, oder weil ich selber zu verletzt bin, um das Problem zu lösen. Zu diesen Schriftstücken legte ich auch diesen Brief. Wie sollte ich jemanden finden, der in der Zwischenzeit schon 38 Jahre alt sein musste? Ich hatte keinen Anhaltspunkt, nur die Hoffnung, dass Gottes Barmherzigkeit mir einen Weg zeigen würde, wenn es an der Zeit wäre, das Richtige zu tun.

Es vergingen ein paar Jahre, und immer wieder, in den heiligen Zeiten, blätterte ich meine Mappe durch und erinnerte mich an die Verpflichtung, etwas zu tun.

Und dann geschah etwas Merkwürdiges. Ich besuchte eine mir bekannte alte Dame, eine ehemalige Kindergärtnerin, in einem Alten- und Pflegeheim. Während ich mit ihr über das Leben und unsere gemeinsamen Erinnerungen plauderte, fiel mein Blick auf das zweite Bett in ihrem Zimmer und auf das dazugehörige Namensschild. Ich las einen mir bekannten Namen: Lilly Bitterstein. War es möglich, dass ich auf eine Fährte gesetzt wurde? Die alte Dame war schwerhörig und pflegebedürftig, aber ich bat sie, mir doch Gehör zu schenken, und fragte sie, ob sie Sozialarbeiterin gewesen sei und sich mit Adoptionen beschäftigt habe. Sie bestätigte es mir. Als ich sie fragte, wo sie gearbeitet habe, erzählte sie mir, dass sie zuerst hier und später dort gearbeitet habe. Dort sei sie am Jugendamt tätig gewesen, vor allem für den Bereich der Adoptionen. Das war ein Schlüssel, und so begann ich mit meiner Nachforschung und fand tatsächlich mithilfe einer anderen Sozialarbeiterin aufgrund des Datums der Geburt und des Namens der betreuenden Sozialarbeiterin den Namen eines Mannes, den ich hier aus Datenschutzgründen Wolfgang Schmied nennen möchte.

In der Folge waren nur noch einige Telefonate notwendig, und ich fand bald heraus, wo Herr Wolfgang Schmied wohnte. Sehr vorsichtig formulierte ich einen Brief. Falls er ein Adoptivkind sei, würde ich mich freuen, ihm zu begegnen, denn es könnte sein, dass ich eine Botschaft seiner leiblichen Mutter für ihn hätte. Falls er kein Adoptivkind sei, möge er meine Initiative nicht als Einmischung betrachten, sondern die Sache auf sich beruhen lassen.

Nach ein paar Tagen meldete sich Herr Wolfgang Schmied am Telefon, überrascht, erstaunt. Er hatte Karriere als

Bankdirektor gemacht und war beim ersten Telefonat sehr vorsichtig und zurückhaltend. Ich erzählte ihm kurz, was ich vor ein paar Jahren erlebt hatte und wie ich durch Zufall auf seinen Namen gestoßen sei. Nach einem langen Schweigen am Telefon sagte er mir, dass er tatsächlich ein Adoptivkind sei und dass er mich sprechen wollte. So vereinbarten wir ein paar Tage später einen Besuch bei uns im Kloster.

Herr Schmied kam, und ich wusste, als ich sein Gesicht sah, dass er der Sohn jener Frau war, die mir den Brief gegeben hatte. Ich erzählte ihm von den letzten Lebensstunden seiner Mutter und von ihrem Tod. Und dann gab ich ihm den Brief. Nachdem er ihn gelesen hatte, begann er zu weinen, bewegt von dem, was ihn berührte. Er erzählte mir, dass er Glück gehabt hätte. Seine Adoptiveltern hätten ihn gut behandelt. Er habe eine hervorragende Ausbildung bekommen und sei jetzt ein erfolgreicher Banker. Aber immer und lange habe er sich die Frage gestellt, warum er lebte. Als Kind schon habe er sich diese Frage gestellt. Er habe darauf lange keine Antwort gefunden, bis ihm seine Adoptiveltern eines Tages schweren Herzens sagten, dass er nicht ihr leiblicher Sohn sei, sondern ein Adoptivkind. Das beruhigte ihn mehr, als dass es ihn beunruhigte. Aufgrund verschiedener Schwierigkeiten hatte er auch nicht seine wirkliche Mutter finden können, obwohl er es ein paar Mal versucht hatte. Trotzdem blieb für ihn immer noch die Frage: »Warum lebe ich? Woher komme ich? Und wohin gehe ich? Der Brief, den Sie mir jetzt gegeben haben, gibt mir Antwort. Es ist die schwerste und die schönste Botschaft, die ich je in meinem Leben erhalten habe. Es ist die Antwort auf meine Grundfrage. Ich war kein Wunschkind, aber ich wurde geliebt, und meine Mutter wollte, dass ich lebe. Ich lebe, weil ich geliebt wurde und weil sie wollte, dass ich lebe. Ist das nicht wunderbar? Bei all dem Schmerz und Leid, das ich jetzt erfahren habe. Ist es nicht großartig, dass es solche Wege gibt?« Das fragte er mich und erwartete doch keine Antwort.

Er bat mich, ihn zum Grab seiner Mutter zu begleiten, doch bevor wir das taten, gingen wir in unsere Klosterkirche. Es war in der Nachweihnachtszeit. Vor dem Altar stand die Krippe mit dem Christuskind auf dem Stroh. Eine Kerze brannte. Ich ging mit ihm schweigend durch die Kirche. Er war überwältigt von dem, was er erfahren hatte. Dann blieb er vor der Krippe stehen, deutete auf Jesus und sagte dann: »Er war auch kein Wunschkind, aber seine Mutter wollte auch, dass er lebt.« Und dann liefen wieder Tränen über sein Gesicht, und mit den Händen, mit denen er sich die Tränen abgewischt hatte, berührte er die kleine Wachsfigur des Christuskindes so, als wollte er sich bedanken oder den Trost mit ihm teilen.

Von dieser Geschichte berichte ich nicht, um sie als Argument für oder gegen Abtreibung, für oder gegen Adoption zu benutzen. Sie ist für mich ein Appell des Lebens, sie weckt Vertrauen, Hoffnung und Zuversicht. Sie ist für mich ein Zeichen, dass unter all dem, was wir an Lebensschicksal erfahren, immer wieder die Kraft des Lebens und der Liebe aufleuchtet. Ich denke dabei auch an die Kinder, die sich viele Eltern wünschen, ja fast selbst produzieren wollen. Die Kinder, die den Wünschen ihrer Eltern entsprechen müssen und es nicht können. Die Kinder, die der gut gemeinten Liebe und Zuwendung ihrer Mütter und ihrer Väter erliegen und zum Objekt anderer gemacht werden. Ich spreche nicht von der guten Zuwendung, die Eltern ihren Kindern geben, sondern ich spreche lieber von der Notwendigkeit zu erkennen, dass kein Mensch, auch kein Kind, dazu da ist, unsere Wünsche zu erfüllen. Jeder Mensch hat ein Recht auf sein eigenes Leben. Es ist das Leben, das jedem Menschen von Gott geschenkt wird. Niemand kann in dieses Leben wirklich eingreifen, ganz gleich, wie viel Liebe oder wie viel Gewalt er auszuhalten hat.

Die eben erzählte Geschichte ist für mich auch eine Geschichte der Hoffnung, dass Menschen, auch wenn sie noch so sehr misshandelt und missbraucht und zum Objekt anderer gemacht werden – sei es in Form von Gewalt oder zu viel Liebe –, dass diese Menschen doch noch die Chance haben, ihren eigenen, individuellen Weg der Freiheit, des Glaubens, der Hoffnung und der Liebe gehen zu können.

Rein statistisch wiegt diese eine Geschichte, diese eine Situation nicht viel. Dennoch wiegt sie genau so viel wie die ängstlichen und misstrauischen Zwischenrufe aller Pessimisten. Sie ist ein Appell an das Leben, auch wenn sie mit so viel Leid und Tränen verbunden war. Sie ist für mich eine der kostbarsten Weihnachtsgeschichten, die ich in meinem Leben erfahren habe.

Auch unser Gott war kein Wunschkind. Aber er wurde geliebt und bejaht von seiner Mutter, und Gott gebe uns die Gnade, dass er auch von uns angenommen und geliebt wird.

Es ist keiner da

In der Wüste der Einsamkeit

Ich wollte nichts besorgen auf dem Adventsmarkt. Aber das bedrückende Gespräch mit einem Patienten machte mich besorgter, als ich es mir eingestehen wollte. Ich hatte keine Zeit und deshalb vertrödelte ich sie, weil ich mich ablenken wollte. Vom Hauptbahnhof fuhr ich mit der U-Bahn zum Marienplatz. Die Menschen saßen und standen dicht gedrängt. Einige telefonierten, andere dösten vor sich hin. Obwohl der Zug voll war, war doch keiner da. Der Zug war leer.

Auf dem Markt war ein fürchterliches Gedränge. Es war laut. Aus den Lautsprechern dröhnten besinnliche Weisen. Es gab nichts zu kaufen, was ich wirklich hätte brauchen können. In dieser Wüste von Weihnachtsmüll wollte ich wenigstens eine Leberkässemmel mit süßem Senf essen. Ich schob mich durch das Gewühl zur Verkaufstheke. Ich sagte, was ich wollte. Die Antwort lautete: »Oamal mit! 2,50! Der Nächste bitte!« Dieser Nächste rempelte mich an, und die Semmel fiel in den Dreck. Ich hatte genug. Es war keiner da in dieser Wüste der Einsamkeit. Auch in der Fußgängerzone rasten die Menschen aneinander vorbei. Viele stolperten telefonierend durch das Gewühl. Die wenigen, die miteinander redeten, stritten über den Blödsinn, den der andere eingekauft hatte. Der Weihnachtsmann vor dem

Sexshop verschenkte Kondome, und daneben dudelte eine Drehorgel: »Ihr Kinderlein kommet!« Und überall eine Lichterwüste, aber kein Stern.

Ich merkte erst jetzt: Ich selber bin einsam, trotz der Menschenmassen, und ich vermutete, viele andere waren es auch.

✳ *Ohne Begleiter sind wir einsam.*

Mein Gott, wie einsam war ich, ohne Begleiter, ohne Ziel, ohne einen Menschen, mit dem ich reden konnte. Es ging mir ja nicht einmal so sehr ums Reden, sondern nur um einen Menschen, der mit mir gehen würde, der einfach nur da wäre. Einer, auf den ich mich verlassen konnte.

Mir fallen die zerbrochenen Beziehungen ein, die Menschen, mit denen ich ein Stück des Weges gegangen bin. Oft hatte unser gemeinsamer Weg so hoffnungsvoll begonnen. Aber gerade in der letzten Beziehung hatte ich den anderen mit Liebe und Problemen beladen wie der Weihnachtsmann seinen Packesel. Dass er durchbrannte mit der ganzen Bescherung, war eigentlich logisch. Es fällt schwer, jemandem, der uns begleitet, nicht immer und gleich alles aufzuladen, vor allem, wenn er sich dafür anbietet.

Ich müsste es eigentlich wissen. Ich bin doch selbst ein Profibegleiter. Aber gerade die sind in ihrem privaten Umgang besonders gut geeignet, wie der Ochs und Esel an der Krippe zu stehen und den Mund zu halten. So richten sie wenigstens kein Unheil an.

Trotz aller Resignation tröstete mich das Bild von Ochs und Esel an der Krippe des Kindes. Dennoch wäre ich wohl nicht zufrieden mit einem von den beiden als Begleiter. Denn man hat ja seine Ansprüche, und nicht jeder »Dahergelaufene« kann mein Begleiter sein. Als ich mich bei diesen hochmütigen Gedanken ertappte, musste ich doch ein wenig lächeln. Denn kurz zuvor hatte ich mich noch mit Ochs und Esel gut identifizieren können.

Da stieß ich an die offene Tür der Bürgerspitalskirche und trat ein.

Ich habe einen Engel.

Im Halbdunkel der Kirche gab es wenig Licht, und wenige Kerzen brannten. Einige Frauen und Männer knieten betend um das Grab von Pater Rupert Mayer. Es herrschte eine gesammelte, gelöste, fast heitere Stille im Raum.

Ich setzte mich auf einen Stuhl in einer Wandnische. Der Stuhl neben mir war frei, und auf dem nächsten saß eine alte Dame. Ich schloss die Augen, und in Gedanken begann ich zu beten: »Vater unser im Himmel … unser tägliches Brot gib uns heute …« Plötzlich berührte mich die alte Dame mit einer offenen Keksschachtel.

»Da, essens an Weihnachtskeks. Ich hab sie selbst gebacken.« Ich nahm einen Keks und aß ihn. Sie flüsterte: »Ich bin ganz allein und wohne hier in der Nähe. Aber ich habe einen Engel. Das ist der Pater Rupert Mayer. Ich habe ihn noch gekannt. In der Not damals hat er mir Weihnachtskekse geschenkt. Seitdem ist er mein Engel, der mich überallhin begleitet, obwohl er unter der Erde ruht. Aber er hat trotzdem Flügel, die mich beschützen. Nicht nur im Advent gehe ich hierher und verteile Kekse, so wie er es gemacht hat – an Leute wie Sie, die auch einen Engel brauchen – da, nehmens noch an Keks!« Dann stand sie auf und ging weiter zum Nächsten, der auch einen Engel suchte.

Wenn uns ein Engel begegnet, dann ist das eine Sternstunde. Manchmal sind diese Engel verkleidet, und manchmal verteilen sie Weihnachtskekse.

Engel leben, auch wenn ihr Leib begraben wird. Es ist nicht nur ihr Bild, das weiterlebt, sondern ihr Wesen. Und wer sich berühren lässt von einem Engel, ganz gleich, in welcher Gestalt er uns begegnet, dessen Herz wird verwandelt. Und manchmal wird er sogar selbst ein Engel. Dieser Augenblick ist eine Sternstunde.

Die Müllkiste des Lebens

Ich durfte sie noch kennenlernen, Elly Lichtenberg, die Freundin meiner Lehrerin Ruth C. Cohn. Damals war sie weit über 80 Jahre alt und auf dem Höhepunkt ihrer Karriere. Sie war die fantastischste Bilderstickerin in New York und stellte in den besten Galerien der Stadt aus. Ihre Karriere hatte mit einem Krankheitsschub von Rheuma und der Pension begonnen.

Von Beruf war sie Stoff-Designerin und mit 65 musste sie sich zur Ruhe setzen. Ihr kleines Atelier löste sie auf, in dem sie bisher Stoffentwürfe gemacht hatte. Und da blieb ein großer Korb mit Stoff- und Wollresten, mit Knöpfen, Steinen, Holzstücken und Glasperlen, mit Garnen und verschiedenfarbigen Muscheln übrig. Es war einfach zu schade, alle diese Dinge wegzuwerfen, wie sie meinte. Und sie fragte sich: Was soll ich mit dem anfangen, was mir das Leben und die Arbeit übrig gelassen haben?

Die meisten Menschen hätten all das als Müll bezeichnet. Wie leicht werfen wir die Dinge, die so übrig bleiben, weg. Sie werden »entsorgt« und sind doch nur beseitigt. Die verschiedenen Reste dieses Lebenskorbs hätte manch einer als »Ramsch« und »überflüssiges Zeug« bezeichnet. Mit jedem Stück, mit jedem Faden aber verband sich eine Geschichte, ein längerer oder kürzerer Weg, ein Gedanke, eine Erfahrung, ein Erfolg oder eine Niederlage. Das alles sammelt sich an in einem langen Leben, nicht nur in Körben, sondern in den Seelenkellern und Gedächtnisspeichern, in Erinnerungsschachteln und Wertschließfächern. Nicht alles ist schwierigen Lebenssituationen entsprungen. Es gab sicherlich auch Hochzeiten und Erfolge, Anfänge und Abschiede. Von all den Sternstunden und den Wüstentagen bleibt immer etwas in unserer Seelenkiste. Meist sind es keine sichtbaren Reste, nur spürbare Erinnerungsfetzen, kleine Steine im Schuhwerk, die das Gehen erschweren oder auf dem Schreibtisch herumliegen. Gott sei Dank bleiben nicht alle Erinnerungen im Bewusstsein. Wir würden am Seelenmüll ersticken.

Elly Lichtenberg stand vor den Wollresten und Stofffetzen ihres langen Lebens und überlegte, was sie damit machen sollte.

Der Müllcontainer hätte alles schnell geschluckt, aber doch nichts gelöst. Liebevoll ordnete sie den Müllberg, nach Farben und Material, mit innerer Anteilnahme und Zuversicht. »Wenigstens Ordnung wollte ich schaffen in diesem Chaos. Das war ja doch ein Teil meines Lebens«, sagte sie später einmal wie nebenbei.

Nicht immer fiel es ihr leicht. Da waren Wollreste, die sie an Misserfolge und Niederlagen erinnerten. Farben, die sie geliebt hatte und derentwegen ein Stoffentwurf abgelehnt wurde. Da waren Muscheln von einem einsamen Strandspaziergang nach einer Trennung und glitzernde Glasperlen aus der Halskette der Tochter ihrer Freundin, die an Leukämie verstorben war. Sie fand getrocknete Pfirsichkerne und Nüsse, die nicht eingepflanzt und geknackt worden waren. Jedes Ding hatte seine eigene Geschichte und Spuren im Leben hinterlassen, unmerkliche, unscheinbare, schmerzende und schöne Spuren. Sie stand vor diesen Spuren, und eines Tages begann sie in einem Holzrahmen Fäden zu spannen, miteinander zu verbinden und zu verknüpfen und sie mit all den anderen Dingen, den Muscheln und Knöpfen, den Nüssen und Steinchen in Beziehung zu setzen. Daraus entstand das erste und jeweils »schönste« ihrer Bilder, um die sich mittlerweile Kunstinteressierte und Liebhaber aus der ganzen Welt reißen.

Auch ich traf sie, als sie gerade eines ihrer schönsten und letzten Bilder fertigstellte mit den vom Rheuma geplagten Fingern. »Da schaut doch, dieser kleine, rote Faden muss hier rein und hier durch und hier rauf. Ist es nicht wunderschön?« Dann setzte sie noch einen kleinen Stein in eine Mulde des Gewebes und fügte hinzu: »Schaut doch. Ist es nicht wunderbar? Er passt, so als sei er immer schon da gewesen.« Ich weiß nicht, was mich mehr beeindruckte: das unglaublich plastische Bild oder ihre leuchtenden, strahlenden Augen.

»Und was ist mit deinem Rheuma?«, fragte ich. »Ich beachte es, aber nur solange es mir guttut. Und du wirst es nicht glauben, manchmal gehen ungelenke Finger ihre eigenen Wege und bringen Nuancen in ein Bild, die gesunde Finger nie schaffen würden. Der Schatten der Krankheit gibt dem Bild eine unglaubliche Kraft – wie jeder Schatten auf einem Bild oder in der Seele eines Menschen.«

Und dann erzählte sie noch von der Enkelin ihrer Freundin, die gestern Abend überraschend gekommen sei, gebrochen, wütend, traurig – am Ende. Sie hatte ihr etwas zu essen gemacht, ein wenig mit ihr geschimpft und gelacht. Auf dem Sofa in der Küche habe sie dann übernachtet und am Morgen ist sie gestärkt weggegangen.

Elly Lichtenberg starb auf dem Höhepunkt ihrer Karriere vor einem gerade fertiggestellten Bild. Die Müllkiste mit den Wollresten war fast leer. Und auf dem Küchentisch vor dem Bild lag ein Zettel, den sie wohl unmittelbar vor ihrem Tod geschrieben hatte: »Es ist wieder einmal das letzte und allerschönste Bild, das ich je gemacht habe.«

Ich trinke nicht den Eimer, sondern das Wasser!

Eine Parabel

Zwei Männer wanderten lange Zeit durch die Wüste. Die Wasservorräte gingen zur Neige. Durstig und erschöpft kamen sie zu einem Brunnen. In ihm vermuteten sie lebendiges Wasser.

In der Umgebung des Brunnens fand einer von ihnen einen alten Eimer. Der war verrostet und eigentlich unbrauchbar, um Wasser zu schöpfen. Achtlos warf er ihn wieder weg und wollte ihn sogar zerstören.

Der andere nahm den Eimer, putzte ihn mit dem Sand der Wüste, holte sich mit ihm Wasser aus dem Brunnen und trank. Und mit ihm tranken auch noch viele andere und konnten so die Wüste überleben. Der eine starb. Der andere lebte und setzte gestärkt seinen Weg durch die Wüste fort.

Es bleibt uns nicht erspart, dass wir immer wieder durch die Wüste wandern. Wir sind erschöpft und orientierungslos und brauchen Hilfe, um überleben zu können. Das Wichtigste, was wir brauchen, ist nicht nur Wasser, sondern Vertrauen und Kreativität.

Manchmal stoßen wir uns an Äußerlichkeiten, wie in diesem Beispiel an dem alten, verrosteten und unansehnlichen Eimer, obwohl er vielen Menschen das Überleben sichert. Unsere eigenen Vorstellungen und Enttäuschungen hindern uns daran, die kleinen praktischen Dinge, mögen sie auch noch so einfach sein, anzunehmen, um unser Ziel zu erreichen, Dinge, die uns sogar das Leben retten können. Manchmal hindern uns Ärger, Groll, Zorn und falsche Erwartungen daran, das Lebensnotwendige zu sehen. Die alten, unansehnlichen Dinge, die Hilfsmittel, die uns das Leben anbietet, übersehen wir, verachten wir und werfen sie weg.

Wenn es uns gelingt, einen alten Eimer mit dem Sand der Wüste zu reinigen, bekommen wir ein praktisches Hilfsmittel an die Hand, um überleben zu können – wir trinken ja nicht den Eimer, sondern das Wasser!

21 Sternstunden

Ein Überlebensprogramm für die Wüsten des Alltags

Als Wüste erfahre ich meinen Alltag. Ich brauche nicht irgendwohin in die Sahara zu gehen, um die Wüste zu erleben. Genauso wie die wirkliche Wüste ist mein Alltag eine Herausforderung, die ich bestehen muss, um leben zu können. Deshalb ist es gut, von den Erfahrungen der Wüstenwanderer für den Alltag zu lernen, damit mir das Leben besser gelingt. Ich verwende in diesem Übungsprogramm, das auf drei Wochen angelegt ist, Bilder der Wüste und Bilder des Alltags. Es ist dem Übenden überlassen, diese Bilder auf seine jeweilige Lebenssituation zu übertragen.

Wenn Sie dieses Trainingsprogramm ganz oder teilweise durchführen wollen, ist es notwendig, die folgenden Regeln zu beachten und so gut wie möglich einzuhalten. Ein Trainingsprogramm ohne Regeln und Disziplin ist nicht effektiv.

- Planen Sie jeden Tag 45 bis 60 Minuten Zeit für die Übungen ein.
- Wenn Ihnen nur 30 Minuten Zeit zur Verfügung stehen, sollten Sie eine Übung auf zwei Tage verteilen. So verlängert sich das Übungsprogramm auf sechs Wochen.

- Versuchen Sie, sich möglichst jeden Tag mindestens 30 Minuten Bewegung zu verschaffen, entweder bewusstes Gehen, Laufen, Körperübungen oder Yoga.
- Wenn das aufgrund körperlicher Einschränkung nicht möglich ist, sollten Sie täglich Bewegungsübungen für Hände und Füße im Sitzen oder Liegen machen.
- Wenn auch das nicht möglich ist, sind 25 Minuten achtsames Hören und Wahrnehmen der Bewegung des Atems und des Herzens sinnvoll.
- Das Übungsprogramm sollte möglichst immer zur selben Tageszeit oder Stunde durchgeführt werden. Handys oder Türglocke bleiben besser ausgeschaltet.
- Der Tagesimpuls besteht aus verschiedenen Teilen:
  - eine kurze Situationsschilderung
  - Impulsfragen für die Meditation
  - das (meditative) Erwägen der Situation und der Fragen
  - Aufschreiben der inneren Erfahrungen und Bilder
  - praktische Übungen für den Tag
  - Gedanken oder ein Gebet zum Tagesabschluss
  - Friedenschließen mit einem Lied, mit dem Hören einer ruhigen Musik Ihrer Wahl
- Es ist gut, ein Übungsheft anzulegen, um die Erfahrungen der einzelnen Tage zu dokumentieren.
- Es ist wichtiger, das Ergebnis und die Erkenntnis des Tages im Herzen zu bewahren, als sie dem Gedächtnis einzuprägen.
- Täglich vor dem Schlafengehen in die Nacht hinausschauen und die Sterne suchen. Diese Übung ist auch dann zu machen, wenn der Himmel bewölkt ist.
- Ein Begleiter mit folgenden Eigenschaften kann bei die-

sem Trainingsprogramm hilfreich sein, ist aber nicht unbedingt notwendig:

- Er sollte Ihnen nicht zu nahestehen, sondern eine gute, aufmerksame Distanz halten.
- Er sollte zuhören können und die Fähigkeit vermitteln, die eigenen Erfahrungen wahrzunehmen.
- Er sollte die Wahrheit sagen können, ohne zu verletzen.
- Er sollte selbst Alltagswüstenerfahrungen besitzen und die Fähigkeit haben, in der Nacht die Sterne zu sehen.
- Gespräche mit diesem Begleiter sind einmal oder maximal zweimal pro Woche sinnvoll. Die Gesprächszeit sollte auf maximal 45 Minuten beschränkt sein.

1. Jede Wüste hat einen Brunnen

Wüstentage sind dann trostlos, wenn ich die Orientierung verloren, wenn ich kein Ziel vor Augen habe und wenn ich selbst nicht mehr weiß, dass jede Wüste über einen Brunnen verfügt. Ohne ein inneres Ziel, ohne Perspektive, erlahmt jede Bewegung, nicht nur der Füße, sondern auch jede Bewegung des Herzens. Wenn ich einen Wüstentag durchwandere, brauche ich nicht nur äußere, sondern auch innere Sicherheit, die in dem Vertrauen wurzelt, dass in jeder Wüste auch ein Brunnen zu finden ist. Oft ist er nur schwer zu finden, nur schwer erkennbar und nur mit großer Mühe zu erreichen.

Impulse zur Meditation

- Was hat mir Hoffnung gegeben?
- Was hat mir die Hoffnung genommen?
- Welche Zeichen wurden mir geschenkt?
- Wer war mir hilfreich auf meinem Weg durch den Wüstentag?
- Wer hat mir einen Weg zu einem Brunnen gezeigt?
- Welche Brunnen habe ich in meinem Leben gefunden?

Nehmen Sie sich Zeit, Ihre Wüstentage und Brunnen vor Ihrem inneren Auge aufleuchten zu lassen. Versuchen Sie, die Fragen ehrlich zu beantworten.

Übung

Ich gehe langsam und bewusst durch meine Wohnung, durch mein Haus, durch mein Zimmer und suche den Ort, das Bild, den Gegenstand, der für mich wie ein Brunnen ist. Dankbar verweile ich bei dem »Brunnen« und lasse vor meinem inneren Auge die Erfahrungen auftauchen, die mir dieser »Brunnen« geschenkt hat.

Gebet

Ich danke am heutigen Abend für das Geschenk des Lebens. Das Leben selbst ist ein Brunnen. Ich danke auch für den mühsamen Weg auf der Suche nach dem Brunnen. Ich danke für die Erfahrungen der Müdigkeit, des Zweifels, aber auch für den Mut und die Möglichkeit der Bewegung. Ich danke Gott, dass er mich auf diesem Weg begleitet.

Vergessen Sie nicht, mindestens zehn Minuten in die Nacht und den Sternenhimmel zu schauen, auch dann, wenn es bewölkt ist.

2. Zieh dich warm an! In der Wüste ist es heiß

Menschen, die durch Wüstenzeiten gehen, lernen von den Wüstenfahrern. Sie ziehen sich warm am. Sie laufen nicht mit kurzen Hosen und nacktem Oberkörper durch die Gegend. Beim Durchqueren der Wüste ist es gut, nicht nur den eigenen Körper, sondern auch die eigene Seele zu schützen. Ohne Schutz verbrennt uns die Hitze des Tages, und die Kälte der Nacht lässt uns frieren. Auf dem Weg durch die Wüstenlandschaften des Lebens brauche ich sowohl inneren als auch äußeren Schutz.

Impulse zur Meditation

- Wie schütze ich meinen Leib?
- Wie schütze ich meine Seele? Welche Lebenserfahrungen, die ich bis jetzt gemacht habe, hüllen mich ein wie ein Mantel, der mich sowohl vor der Hitze der Sonne als auch vor der Kälte der Nacht schützt? Welche »Sonnenerfahrungen« haben mich verletzt?
- Welche Kälte hat mich frieren lassen?
- Bin ich selber mit mir oberflächlich und unsensibel umgegangen? Habe ich übersehen, dass ich in manchen Situationen Schutz brauche?

Übung

Ich gehe zu meinem Kleiderschrank und betrachte die verschiedenen Kleidungsstücke, die ich besitze. Welche Kleidung schützt mich? Welche Kleidung nimmt mir den Schutz? Ich suche nach einem Gedanken, einer Geschichte, einer Erfahrung, die meiner Seele Schutz boten.

Gebet

Ich bitte heute um Schutz für meinen Leib und meine Seele. Ich danke dafür, dass ich oft beschützt wurde, ohne zu viel dafür getan zu haben. Ich danke dafür, dass es Menschen gibt, die mir, meinem Leib und meiner Seele Schutz geben. Ich bitte um Verzeihung, wenn ich vergessen habe, mich selbst zu schützen, oder wenn ich andere mit meinen Gedanken, mit meinem Reden und mit meinem Tun verletzt habe, weil sie ungeschützt waren. Ich bitte um Gottes Schutz, wie um einen Mantel für meine Seele.

Vergessen Sie nicht, mindestens zehn Minuten in die Nacht und den Sternenhimmel zu schauen, auch dann, wenn es bewölkt ist.

3. Je mehr du dir auflädst, desto mehr musst du tragen

Die Last des Lebens ist oft wirklich nicht leicht zu tragen. In den meisten Fällen glauben wir, dass uns andere oder das Schicksal diese Last aufladen. Das mag manchmal so sein. Wir erlegen uns aber auch selbst diese Last auf. Nicht nur durch Übermut oder verfehltes Augenmaß, sondern auch durch unseren guten Willen und die völlige Überschätzung unserer eigenen Kraft. Jeder, der schon einmal eine längere Wanderung, eine Wüstentour oder eine Pilgerfahrt gemacht hat, weiß, dass er sehr sorgfältig seinen Rucksack packen muss. Es ist gut zu lernen, das Überflüssige wegzulassen und sich manchmal auch von liebgewordenen Dingen zu trennen.

Impulse zur Meditation

- Unter welcher Last leide ich am meisten? Wen mache ich verantwortlich dafür, dass ich diese Last zu tragen habe?
- Was habe ich selbst dazu beigetragen, dass diese Last mir den Rücken beschwert und auf der Seele liegt?
- Welche Last kann oder will ich nicht abwerfen?
- Was hilft mir dabei, ein gutes Maß zu finden für die Dinge, die ich wirklich tragen muss?
- Welche Menschen belasten mich im Moment?
- Welche Arbeiten sind für mich eine Last?
- Von welcher Last könnte ich mich (wenigstens für eine Zeit) befreien und tue es doch nicht?
- Welche Gedankenlast möchte ich abwerfen?

Übung

Ich lege in einen Rucksack oder in eine Tasche einen schweren Gegenstand und gebe diesem Gegenstand den Namen der Last, die mich im Moment am meisten bedrückt. Dann trage ich diese Last fünf Minuten bewusst mit mir herum. Ich kann zum Beispiel das Treppenhaus ein paar Mal hinauf- oder hinuntergehen. Dann lege ich diese Last sehr bewusst ab und gehe noch einmal den Weg, den ich mit der Last gegangen bin. Ich spüre nach, wie befreit ich ohne Rucksack oder Tasche gehen kann.

Gebet

Guter Gott, oft mache ich andere für Lasten verantwortlich, die ich mir selber aufgeladen habe. Ich bitte heute um Klugheit und um das rechte Maß, damit ich lerne, welche Last ich wirklich tragen muss, welche ich abgeben kann und welche Last andere für mich tragen können. Ich bitte auch um den Mut, anderen Menschen zu helfen, dass die Last ihres Lebens für sie erträglicher wird.

Vergessen Sie nicht, mindestens zehn Minuten in die Nacht und den Sternenhimmel zu schauen, auch dann, wenn es bewölkt ist.

4. Je schneller du läufst, desto eher ermüdest du

Geschwindigkeitsbegrenzungen im Autoverkehr haben bei Tests gezeigt, dass weniger Energie verbraucht und größere Sicherheit gewonnen wird. Hält man sich an die Begrenzung, übermüdet man nicht so schnell, ist nicht so schnell gestresst und man kommt fast genauso zügig ans Ziel. Hektik macht krank. Sie verursacht mehr Unfälle, besonders in Wüstenzeiten. Es ist wichtig, gerade dann ruhig, stetig und im Gleichgewicht mit mir selber zu sein. Wenn ich meine, dass immer alles ganz schnell gehen muss, dann ist oft die Müdigkeit schon da, bevor ich wirklich in Bewegung gekommen bin. Der Druck auf die Seele nimmt mir die Kraft.

Impulse zur Meditation

- In welchen Situationen bin ich gezwungen, ganz schnell zu laufen, ganz schnell zu denken und mich ganz schnell zu bewegen?
- Wer ist der innere Antreiber, der immer höhere Geschwindigkeiten von mir fordert?
- Welche Situationen, in denen ich sehr müde war und deshalb versagt habe, sind mir noch im Gedächtnis?
- Schnelle Bewegungen erfordern ein intensives Training.
- In welchen Situationen bin ich gelähmt oder trödle herum, weil ich innerlich entmutigt bin und mich nicht bewegen will?
- Bei welchem Tempo kann ich gute Leistungen erbringen?

- In welchen Situationen bin ich zu langsam oder zu schnell?
- Habe ich in Zeiten großer Bewegung den Mut, eine Pause zu machen?

Übung

Ich gehe ganz schnell um einen Häuserblock herum, oder gehe hastig einen Weg, den ich kenne. Anschließend setze ich mich hin und spüre nach, was ich gesehen, gehört und gefühlt habe. Dann mache ich mich noch einmal auf den Weg und gehe langsam und bewusst Schritt für Schritt denselben Weg. Danach setze ich mich wieder hin und spüre nach, wie es mir auf dem zweiten Weg ergangen ist.

Gebet

Lieber Gott, gib mir den Mut zur Langsamkeit und zur Pause. Ich möchte nicht schneller laufen, als es die Situation erfordert. Ich möchte mein äußeres Tempo meinem inneren anpassen. Ich will auf die Stimme meines Herzens hören, wenn ich ermüde. Und ich will dankbar sein für das Geschenk der Bewegung ebenso wie für das Geschenk der Müdigkeit, denn beide sind Zeichen des Lebens.

Vergessen Sie nicht, mindestens zehn Minuten in die Nacht und den Sternenhimmel zu schauen, auch dann, wenn es bewölkt ist.

5. Verlässlichkeit bewahrt uns vor Verlassenheit

Auf Wüstenwanderungen fühle ich mich häufig verlassen. Ich zweifle daran, ob es überhaupt noch Menschen und Dinge gibt, auf die ich mich verlassen kann. Ich spüre meine Einsamkeit und meinen Zweifel. Ich frage mich dann, ob mein Dasein einen Sinn hat, ob es überhaupt Sinn hat, wenn ich selbst verlässlich und treu bin. Oft suche ich nach einem Ausweg und werde selbst unzuverlässig. Aus Oberflächlichkeit, aus Rache gegenüber anderen, die mich enttäuscht haben, oder aus Angst, dass mein guter Wille und mein Einsatz von den anderen weder gesehen noch anerkannt werden.

Impulse zur Meditation

- In welchen Situationen habe ich innere und äußere Verlassenheit gespürt?
- Welche Gefühle stiegen dabei in mir auf?
- Wurde ich schon einmal schwer verletzt, weil mich andere verlassen haben?
- Habe ich selbst einmal jemanden verlassen oder war unzuverlässig?
- War ich selber schon treulos?
- Bin ich in kleinen und großen Dingen verlässlich oder unzuverlässig?
- Kann ich ein Versprechen halten?
- Wann wurde ich zum letzten Mal schwer enttäuscht?
- Wann habe ich zum letzten Mal jemanden enttäuscht?

Übung

Ich prüfe heute den ganzen Tag meine Verlässlichkeit gegenüber mir selber, gegenüber Menschen und Dingen in der Arbeit und in allen anderen Lebenssituationen. Ich spüre nach, wie leicht ich unzuverlässig werde und selbst unter der Unzuverlässigkeit anderer leide. Ich nehme wahr, dass mein Gefühl der Verlassenheit häufig mit meiner Unzuverlässigkeit zusammenhängt.

Gebet

Gütiger Gott, trotz meiner Unzuverlässigkeit, trotz meiner Verlassenheit, lass mich erkennen, dass Du gegenwärtig bist. Du kennst meine Schwachheit. Du weißt um meinen guten Willen und um mein Versagen. Stärke du mich in meiner Verlassenheit, damit ich selbst zuverlässiger werde, damit ich und andere sicherer durch dieses Leben gehen können.

Vergessen Sie nicht, mindestens zehn Minuten in die Nacht und den Sternenhimmel zu schauen, auch dann, wenn es bewölkt ist.

6. Besser ist es, dem Lauf der Sterne zu vertrauen als den Spuren im Sand

Wenn wir orientierungslos durch unser Leben gehen, wenn die Wüste oder das Chaos zu groß wird, dann suchen wir nach Wegweisern, nach Spuren, die uns trotzdem den rechten Weg zeigen. Häufig bin ich dabei in mir gefangen, und es gelingt mir nicht mehr, die wirklichen Wegweiser zu sehen. Ich achte nur noch auf die Spuren im Sand und bin entsetzt, wenn ich keine Spuren mehr finde. Spuren im Sand sind unzuverlässig. Sie kommen und gehen. Der Wind verweht sie innerhalb kürzester Zeit. Dort, wo ich eine Spur zu sehen meinte, ist nichts mehr als eine undurchsichtige, unkenntliche kleine Mulde oder gar nichts mehr. Wenn ich alle Spuren verloren habe, dann ist es besser, sichere Wegweiser zu suchen. In der Wüste orientiert man sich an der Sonne, vor allem aber an den Sternen in der Nacht. Sterne sind sehr klein. Aber sie sind sichere Wegweiser.

Impulse zur Meditation

- Ich erinnere mich an Situationen, in denen ich die Orientierung, jegliche Spuren, die Richtung und das Ziel für mein Leben verloren hatte.
- Ich spüre dem Entsetzen und der Angst nach, die mich überfällt, wenn ich keine Lebensspur mehr sehe.
- Suche ich mehr am Tag, in der Hitze des Tages und in der Sonne nach den Spuren im Sand?
- Habe ich Angst vor der Nacht und vertraue nicht darauf, dass ich auch in der Dunkelheit mithilfe der Sterne Orientierung und Ziel finden kann?

- In welchen dunklen Nachtstunden habe ich einen Stern gesehen, der mich sicher geführt hat?
- Erkenne ich das Chaos, die Orientierungslosigkeit und die Ziellosigkeit in der Helligkeit meines Alltags?
- Bin ich bereit, auch bei Nacht, in dunklen Zeiten nach einem Licht Ausschau zu halten, oder schließe ich vor Angst die Augen?

Übung

Ich schaue am Abend, wenn es dunkel ist, durch mein Fenster nach draußen – oder vom Balkon aus oder in meinem Garten – in das Dunkel der Nacht und versuche, in dieser Dunkelheit das Licht zu sehen und die Orientierung zu finden, auch wenn wegen der vielen Lichter und Leuchtreklamen einer Stadt die Nacht scheinbar zum Tag gemacht wird.

(Diese Übung eignet sich für jeden Abend dieses Trainingsprogramms.)

Gebet

Guter Gott, nimm von mir die Enttäuschung und die Trauer, wenn ich die Spuren im Sand oder die Spuren meines Lebens verloren habe. Lass mich darauf vertrauen und daran glauben, dass auch in der Dunkelheit der Nacht ein Stern leuchtet. Lass mich Geduld haben mit den Wolken am Himmel und den Wolken in meiner Seele, mit dem Nebel, der alles zu ersticken droht. Gib mir den Mut, immer und immer wieder Ausschau zu halten nach dem Licht, das nicht nur am Himmel, sondern auch in meinem Herzen leuchtet. Lass mich in der Dunkelheit nicht zweifeln, sondern lass mich erfahren, dass das Leben und das Wachstum immer in der Dunkelheit beginnen.

Vergessen Sie nicht, mindestens zehn Minuten in die Nacht und den Sternenhimmel zu schauen, auch dann, wenn es bewölkt ist.

7. Sterne leuchten nur in der Nacht

Orientierung auf meiner Wüstenwanderung verliere ich vor allem dann, wenn mich das Licht einer gleißenden Sonne blendet und ermüdet. So merkwürdig es ist: Am Tage, in der Helligkeit, wenn die Lichter fehlen, an denen wir uns orientieren können, sind wir oft ohne Kraft. Die gleißenden Sonnenstrahlen werden nicht nur zu Irrlichtern und bringen mich in Bedrängnis, sondern geben mir auch das irrtümliche Gefühl, dass ihr Schein hilfreicher sei als das Dunkel der Nacht. Dieser Schein trügt. Die Helligkeit des Lebens, in der wir zwar den Himmel und viele andere Dinge sehen, lässt uns doch Richtung und Ziel verlieren. In der Helligkeit die Wüste zu durchwandern ist so, als ob ich kein Fenster zum Himmel finden kann. Ich werde dann, obwohl ich mitten unter den Menschen in Aktivitäten aufgerieben werde, mit den eigenen Ängsten, Sehnsüchten, mit meinem Versagen, aber auch mit meinen Hoffnungen, mit meinem Glauben und Vertrauen konfrontiert.

Wenn sich die Stunden trotz Helligkeit verdunkeln, ist es gut, innezuhalten und nach den Sternen Ausschau zu halten. Sterne leuchten nur in der Nacht, nur in der Dunkelheit geben sie Orientierung. Es sind kleine, unscheinbare Orientierungspunkte, aber sie sind sicher. Man sagt, dass man nur einen einzigen Stern wirklich kennen muss, um sich in der großen Dunkelheit einer Alltagswüste zurechtzufinden. Es ist gut, diesen Stern zu kennen, um sich an ihm zu orientieren.

Impulse zur Meditation

- Erlebe ich manchmal mitten am Tag, in der Helligkeit vieler Lichter, unter all den Aufgaben meines Lebens, Dunkelheit und Nacht?
- Habe ich Angst vor dieser Dunkelheit?
- Habe ich in diesen Stunden einen Stern, einen Orientierungspunkt?
- Ist es ein Fixstern oder nur eine Sternschnuppe?
- Erinnere ich mich an Stunden der Dunkelheit, die mir keine Angst gemacht haben?
- Gibt es dunkle Stunden, in denen ich mich auch wohl gefühlt habe?
- Welche Menschen, Dinge, Bücher oder Gegenstände sind für mich wichtige Orientierungspunkte?
- Habe ich genügend Geduld, kann ich lange genug warten, damit sich meine Augen und mein Herz an die Dunkelheit gewöhnen, um einen Stern zu sehen?

Übung

Am Abend des Tages, wenn es dunkel geworden ist, lösche ich die Lichter in meiner Wohnung und versuche mich im

Dunkeln zu orientieren. Dann zünde ich eine kleine Kerze an und sehe, wie sich das Licht im dunklen Raum ausbreitet. Ich sehe, wie die Dinge Konturen bekommen und ich mich wieder besser orientieren kann. Ich lasse in mir Erinnerungen aufsteigen, die mir eine dunkle Situation vergegenwärtigen, in der ich einen Stern gesehen habe, an dem ich mich wieder orientieren konnte.

Gebet

Nimm von mir, gütiger Gott, die Angst vor der Dunkelheit. Schenk mir Geduld und Vertrauen, dass ich in diesen dunklen Stunden einen Stern sehe, der mir Orientierung gibt auf meinem Lebensweg. Ich danke Dir und den Menschen, die mich begleiten, vor allem auch denen, die mir Orientierung und Hilfe sind. Ich danke Dir, Gott, für die Sterne am Himmel und die Sterne auf der Erde.

Vergessen Sie nicht, mindestens zehn Minuten in die Nacht und den Sternenhimmel zu schauen, auch dann, wenn es bewölkt ist.

8. Lass dich führen, aber nicht verführen

In Lebenssituationen, in denen wir viel zu tragen oder viel zu bewältigen haben, ist es gut, einen verlässlichen Begleiter oder Führer zu haben, der sich auskennt mit den Wüstenerfahrungen des Alltags. Er bewahrt mich davor, in die Irre zu gehen, auch davor, dass ich mich verführen lasse zur Unselbstständigkeit, dass ich Dinge tue, die ich anderen einfach nur nachmache, ohne darüber nachgedacht zu haben. Gute Begleiter durch die Wüste des Alltags sind demütige und liebevolle Menschen, Menschen, die gut zuhören können. Sie geben mir Freiheit, ohne mich in die Irre gehen zu lassen. Sie wissen, dass jeder seinen eigenen Weg gehen muss, dass jeder seine eigene Wüste und seine eigenen Sterne hat. Sie helfen uns, von der Leichtgläubigkeit zum Glauben, vom falschen Mitleid zum Mitgefühl, vom Ausgelaugtsein zur Hingabe zu finden. Sie sind ohne Eigennutz und nutzen den, den sie führen, nicht aus, auch wenn sie für ihre Arbeit einen gerechten Lohn bekommen.

Von mir fordert ein guter Begleiter, dass ich Vertrauen habe. Nicht nur in ihn, sondern auch in mich selbst und in das Leben.

Impulse zur Meditation

- In welchen Lebenssituationen habe ich die Gnade erfahren, von einem Menschen wirklich gut begleitet oder geführt worden zu sein?
- Habe ich aufgrund dieser Begleitung mehr Selbstvertrauen gefasst und Selbstständigkeit entwickelt?

- Was ist mir besonders schwergefallen in dieser Situation des Geführt-Werdens?
- Von wem oder wodurch bin ich schon verführt worden?
- Welche Wunden habe ich davongetragen?
- Ist mein Vertrauen oder mein Misstrauen gewachsen?
- Habe ich schon einmal in irgendeiner Situation gespürt, dass ich von Gott geführt, getragen und begleitet werde?

Übung

Ich nehme mir zwei große Blätter Papier und schreibe auf das eine Blatt eine Liste all der Menschen, die mich bisher in meinem Leben gut geführt und begleitet haben. Auf das andere Blatt schreibe ich eine Liste der Menschen, unter denen ich gelitten habe oder die mich verführt haben. Ich halte mir jeweils eine Lebenssituation vor Augen, in der ich aufgrund der Begleitung ein Stück Leben mehr erfahren habe und eine andere Situation, in der mir ein Stück Leben genommen wurde. Ich mache mir beide Situationen bewusst und versuche die Ursachen zu erkennen, die zu diesen Situationen geführt haben.

Gebet

Gott, Du kennst meinen Weg. Du führst mich, ohne mich zu verführen. Du begleitest mich, ohne mich abhängig zu machen. Du willst, dass ich das Leben in Fülle erfahre. Ich danke Dir für alle meine Lebenserfahrungen, für die glücklichen, aber auch für die weniger glücklichen, in denen ich verletzt wurde. Ich bitte Dich um Mut und Vertrauen, dass ich meinen Weg durchs Leben finde. Lass mich sensibel und verantwortlich mit den Menschen umgehen, die sich mir anvertrauen, die ich begleite oder führe.

Vergessen Sie nicht, mindestens zehn Minuten in die Nacht und den Sternenhimmel zu schauen, auch dann, wenn es bewölkt ist.

9. Du musst das Wasser, das du brauchst, selbst trinken

Auf dem Weg durch die Wüste brauche ich Wasser und muss wirklich selbst trinken. Wenn ich dies nicht tue, trockne ich aus und verdurste. Ich muss die Erfahrungen des Lebens selbst machen. Niemand kann sie für mich erledigen. Ich muss wahrscheinlich auch die Fehler selber machen, die es in jedem Menschenleben gibt, um zu erkennen, welche Ursachen und Wirkungen sie haben. Leichter ist es, einen anderen für mein Leben verantwortlich zu machen, als selbst Verantwortung zu übernehmen. Deshalb werde ich zurückhaltend sein, wenn ich anderen eine Last auferlegen oder auch etwas Gutes tun will, das eigentlich mir selbst zusteht. Ich ahne, dass es besser ist, sich den eigenen Kopf zu waschen, nicht den der anderen. Wenn ich immer nur anderen die Last oder Verantwortung für mein Leben auflade, verleugne ich mich selbst und das Leben.

Impulse zur Meditation

- Übernehme ich für mich, für mein Leben und für Menschen, die mir anvertraut sind, Verantwortung?
- Stehe ich zu dieser Verantwortung oder lade ich anderen diese Last auf?
- Bin ich fähig, mich selber anzuschauen, meine Stärken und Schwächen zu erkennen und zu ihnen zu stehen?
- Mache ich mich selbst oder andere zum Sündenbock, der immer wieder einmal in die Wüste geschickt wird und dort verendet?
- Reinige ich hin und wieder meinen Kopf, meinen Leib und meine Seele von dem, was mich belastet, verunreinigt und beschwert?
- Wer hat mir schon einmal die Wahrheit so liebevoll gesagt, dass ich sie annehmen konnte?

Übung

Ich gehe zum Spiegel. Ich schaue mich an und lächle mir zu. Ich bejahe mich, so wie ich bin, mit meinen Falten, mit meinen Schwächen, mit den Schwierigkeiten meines Lebens. Und dann wasche ich mir den Kopf oder doch zumindest mein Gesicht. Und dann schaue ich mich wieder an. Wenn ich ein wenig Öl habe, salbe ich mir den Kopf und das Gesicht ein.

Gebet

Gott, Du salbst mein Haupt mit Öl und füllst mir reichlich den Becher des Lebens. Ich weiß, dass lauter Güte und Huld mir folgen mein ganzes Leben lang. Lass mich erken-

nen, wer ich bin. Lass mich Verantwortung übernehmen für mein Leben und das Leben anderer, und schenk mir die Freude, dass es Menschen gibt, die dies auch tun.

Vergessen Sie nicht, mindestens zehn Minuten in die Nacht und den Sternenhimmel zu schauen, auch dann, wenn es bewölkt ist.

10. Ver-lust, Freiheit oder Frust?

Wenn wir Dinge verlieren, einen Verlust erleiden, dann ist das meistens gar nicht lustig. Es ist, als ob uns etwas genommen würde, das wir unbedingt für dieses Leben brauchen. Ich sage dann oder spüre: »Ich habe einen Frust!« Und in der Folge habe ich meist das Gefühl: »Ich habe keine Lust mehr.« Die Verluste des Lebens können vielfältig sein. Manche Dinge verlieren wir unwiederbringlich. Das ist sehr schmerzhaft und eine große Herausforderung für uns, vor allem, wenn es um einen Menschen geht. Oft spüre ich es am deutlichsten dann, wenn aus irgendwelchen Gründen ein Mensch aus meinem Leben verschwindet, welche Ursachen dies auch immer haben mag. Zuerst einmal bin ich darüber traurig, oft enttäuscht, manchmal wie gelähmt. Dies gilt aber nicht nur für Menschen, sondern auch für praktische Dinge.

Selten wird mir bewusst, dass jeder Verlust ein Stück Freiheit bedeutet. Jeder Abschied, jedes Weniger, jeder Schritt des Aufgebens und des Loslassens kann mich in eine größere Freiheit entlassen, wenn ich mich nicht in meiner

Wut oder Trauer um das Verlorene vergrabe. Der Verlust eines Autos kann schrecklich sein, aber er gibt mir die Freiheit, mit meinen eigenen Füßen zu gehen. Und eine neue Verantwortung für mein Leben zu übernehmen. Krankheit kann mich zermürben. Gleichzeitig aber ist sie die Chance, mich neu wahrzunehmen, Versäumnisse und Fehler zu korrigieren und ein neues Lebenskonzept zu entwickeln. In der Krankheit spüre ich natürlich sehr bewusst den Schmerz und das Leben. Gleichzeitig spüre ich mich aber auch selbst auf eine neue und bewusste Weise.

Impulse zur Meditation

- Welche Verluste habe ich in meinem Leben erfahren? Habe ich wegen dieser Verluste auch die Lust am Leben verloren? Wodurch habe ich mich frustrieren lassen?
- Habe ich in der Folge mich selber und das Leben mehr wahrgenommen?
- Was und wer hat mir geholfen, in diesen Verlustsituationen neue Wege zu gehen?
- Welche Verluste haben mir, nicht sofort, aber doch im Laufe der Zeit, eine neue Freiheit geschenkt?
- Wodurch gelingt es mir am besten, mit einem Verlust, mit Frust umzugehen und neue Freiheiten, neue Perspektiven und neues Leben zu gewinnen?
- Von welchen Dingen, welchen Menschen, welchen Erfahrungen muss ich lassen, um für mich neue Wege zu finden?

Übung

Es gibt Verlusterfahrungen im Leben, die ich immer noch nicht verarbeitet habe. Es gibt andere Erfahrungen, in denen ich etwas verloren habe, die mir aber Freiheit schenkten. Ich schreibe beide Erfahrungen auf und vergleiche sie miteinander. Ich betrachte sowohl die Hilfen als auch die Hindernisse im Umgang mit den Verlusten in meinem Leben. Und ich suche nach den Möglichkeiten, die mir mein Leben gibt, neue Wege in die innere Freiheit zu gehen.

Gebet

Gütiger Gott, schenk mir die Gnade, die schweren Dinge des Lebens, die ich annehmen muss, anzunehmen. Hilf mir, diese Last zu tragen oder wenigstens zu ertragen. Schenke mir die Gnade, mich von den Dingen und Ereignissen des Lebens zu trennen, bei denen ich loslassen muss, und gib mir eine heitere Gelassenheit, die mich eine Situation von der anderen unterscheiden lässt. Du schenkst mir Freiheit für mein Leben, auch wenn ich Einschränkungen erfahren habe. Lass mich durch diese Einschränkungen und Verluste reifer und hellhöriger werden für das Leben.

Vergessen Sie nicht, mindestens zehn Minuten in die Nacht und den Sternenhimmel zu schauen, auch dann, wenn es bewölkt ist.

11. Spielen lernen – gewinnen und verlieren können

Das Leben ist manchmal tragisch und spielt uns übel mit. Ich verzweifle oft, weil ich keine Spielräume mehr habe und nicht mehr weiß, wie ich mein Leben sinnvoll gestalten kann. Ich weiß nicht einmal mehr, ob ich zu den Gewinnern oder zu den Verlierern zähle. Das sind Wüstenerfahrungen. Sternstunden gibt es nur dann, wenn ich wieder lerne zu spielen. Das Spiel schenkt uns eine große Freiheit. Vor allem kann ich im Spiel lernen, zu gewinnen und zu verlieren. Beides gehört zum Spiel, und auch zum Leben. Ich kenne einen kleinen Jungen, der regelmäßig das Spielbrett in die Ecke wirft und versucht, seinen Bruder oder die Mitspieler zu verprügeln, weil er nicht gewonnen, sondern verloren hat. Das ist eine Wüstenerfahrung, denn mit einem solchen Verhalten isoliere ich mich. Das Leben spielerisch gestalten heißt nicht, oberflächlich zu sein oder das Leben mit seinen vielfältigen Aspekten nicht mehr ernst zu nehmen. Spielerisch leben heißt, sich ganz auf das Leben einzulassen und zu wissen, dass ich nicht nur gewinne, sondern auch verliere. Spielerisch lernen heißt, auch im Kleinen nicht nur auf meinen eigenen Vorteil bedacht zu sein und sowohl Verlust als auch Gewinn einzuüben. Erst dann, wenn ich fähig bin zu erkennen, dass es bei einem Spiel keinen Verlust gibt, auch wenn ich augenscheinlich verloren habe – denn einer gewinnt immer –, werde ich leben können. Den größten Gewinn erzielt dabei das Leben selbst.

Impulse zur Meditation

- Gibt es ein Spiel, das ich liebe und immer wieder spiele?
- Spiele ich nur um des Geldes, des Gewinnes oder des Ansehens wegen? Oder spiele ich um des Spieles willen?
- Spielsüchtige sind keine Spieler, denn sie sind nur dem Gewinn verfallen und verlieren immer.
- Gewinne oder verliere ich meinen inneren Gleichmut beim Spiel und im Leben?
- Beneide ich andere um ihren Erfolg, um ihr Aussehen, um ihr Tun?
- Freue ich mich über den Sieg von anderen?
- Wann habe ich das letzte Mal gemeinsam mit anderen zweckfrei gespielt?
- Habe ich genug Spielräume in meinem Leben, Freiräume für die Bewegung des Leibes und der Seele?

Übung

Ich lade zwei oder drei Menschen zum Spielen ein. Ich wähle ein Spiel aus, in dem jeder die gleichen Chancen hat, und bitte alle, die an diesem Spiel teilnehmen, nicht nur dem Spiel, sondern dem Leben Aufmerksamkeit zu schenken.

Gebet

Gott, Du hast Freude daran, unter den Menschenkindern zu weilen und zu spielen. Du spielst aber nicht mit uns wie mit Marionetten, sondern Du gibst uns durch das Spiel des Lebens die Möglichkeit, Freiheit zu gewinnen, uns selbst immer besser zu erkennen und einen Weg zu Dir zu finden.

Ich danke Dir für das Spiel des Lebens und bitte Dich um die Kraft der Ernsthaftigkeit und der Freude.

Vergessen Sie nicht, mindestens zehn Minuten in die Nacht und den Sternenhimmel zu schauen, auch dann, wenn es bewölkt ist.

12. Mit Lust essen, statt aus Frust fressen

Ich habe ein paar Kilo zu viel auf den Rippen und muss diese, ob ich will oder nicht, mit mir herumtragen. Das ist eine Last und keine Lust, weil ich ahne, dass ich mir diese Kilos aus Frust »angefressen« habe. Ich weiß, dass ich oft zu viel in mich hineinstopfe. Je frustrierter ich im Leben bin, desto mehr fresse ich in mich hinein. Das Essen ist mir dabei eigentlich schon lange vergangen, aber ich bin immer noch nicht satt. Während des Essens scheint es ein wenig Befriedigung zu geben, aber der volle Bauch, die Übersättigung und die Last, die ich dadurch zu tragen habe, machen mich bewegungsunfähig und manchmal sogar krank.

Mit Lust zu essen heißt nicht, dauernd zu fasten oder verbissen Kalorien zu zählen. Es heißt vielmehr zu spüren und zu erahnen, was ich wirklich brauche, um Maß zu halten und sich an dem zu freuen, was ich esse, das Essen zu betrachten und zu genießen. Vor allem heißt es, das Essen mit anderen zu teilen. Wenn ich aus Frust am Abend den Kühlschrank ausräume und mich mit allem, was er enthält, vollstopfe, bin ich nur kurzzeitig befriedigt, und in Wahrheit esse ich nicht aus Lust, sondern aus einem Selbstzerstörungsdrang heraus.

Impulse zur Meditation

- Kenne ich »Frustfressen«, wenn ich müde, enttäuscht und verzweifelt bin?
- Erkenne ich den Zusammenhang zwischen zu viel Nahrung und Selbstzerstörung?
- Kann ich beim Essen ein gutes Maß halten und mich über das freuen, was ich esse?
- Wähle ich mein Essen bewusst aus oder fresse ich alles wahllos in mich hinein?
- Bin ich fähig, für mich und andere bewusst und kreativ zu kochen und dann gemeinsam mit Freude zu essen?
- Erkenne ich, dass mein »Frustessen« mich mehr belastet als erleichtert?

Übung

Ich bemühe mich (zumindest bis zum Ende meines Überlebenstrainings), jeden Tag einmal bewusst das Essen zuzubereiten. Ich schaue es an und freue mich darüber, dass ich essen kann. Ich entscheide bewusst, wie viel ich esse. Ich wähle für mich das richtige Maß. Ich weiß, dass ich manchmal aus Frust zu viel esse. Ich suche in mir selber die Freude am bewussten Essen.

Gebet

Gott, der Du unser Leben erhältst und begleitest, Dich bitte ich, dass ich mit großer Dankbarkeit und Freude die Gaben annehme, die ich zum Leben habe. Ich bitte Dich um die kluge Unterscheidung und die Erkenntnis, was zu viel und was zu wenig ist. Schenke mir Einsicht in meine Gefühle, in meine Ängste und meine Frustrationen. Lass mich erkennen, dass Kochen und Essen am großen Schöpfungsakt des Lebens beteiligt sind. Und bewahre mich davor, dass ich durch ein Zuviel mich selbst und das Leben zerstöre.

Vergessen Sie nicht, mindestens zehn Minuten in die Nacht und den Sternenhimmel zu schauen, auch dann, wenn es bewölkt ist.

13. Stille und Schweigen

Stille sagt mir nichts, hört man von vielen, obwohl es sicher ist, dass wir im Schweigen und in der Stille leichter hören als in der Wüste des Lärms. Die Stille und das Schweigen sind eine Oase. Der Lärm, die Geräusche oder das viele Reden können zu Wüsten werden. Das dauernde Trommelfeuer alltäglichen Geschwätzes nährt in uns manchmal die Illusion, wir kommunizierten mit uns, mit unseren Mitmenschen und stünden im Austausch mit dem Leben. In Wirklichkeit verschließen wir uns zunehmend in solchen Wüsten und leiden unter den vielen Worten. Schweigen und Stille sind eine Voraussetzung für das Leben, für das Hören, für das Denken und Reden. Natürlich gibt es auch ein

Totschweigen, das mir und anderen die Wüste der Verlassenheit bringt, vor allem dann, wenn ich einen anderen durch mein Schweigen bestrafen möchte oder wenn ich mich selbst zurückziehe und nicht mehr reden kann oder reden will. Dies ist auch nicht mit echtem Schweigen und echter Stille zu verwechseln. In mir selber ist der Lärm, die Enttäuschung, die Wut, die Resignation. Aus dieser inneren Lärmwüste muss ich ebenso flüchten wie aus der äußeren.

In solchen Situationen eine Oase der Ruhe, der Stille und des Schweigens zu finden ist ein Geschenk. Nur wenn ich aufmerksam der Stille lausche, werde ich die leisen Töne nicht überhören. Es ist auch deshalb gut, die Stille zu suchen und zu schweigen, weil mir beides meine eigene Standfestigkeit wieder gibt.

In der Stille kann ich auch das Unerhörte wahrnehmen, dass ich bisher überhört habe.

Natürlich kann Stille und Schweigen auch Angst machen, weil es mich mit meinem innersten Wesen konfrontiert. Ich nehme meine Wünsche, Bedürfnisse, meine Ängste und meine Hoffnungen deutlicher wahr. Ich werde auf mich selbst zurückgeworfen. Stille und aufmerksames Schweigen machen einen Neuanfang möglich.

Impulse zur Meditation

- In welchen Situationen habe ich in den letzten drei Tagen Stille und Schweigen als befreiend und entlastend erlebt?
- Welche Gedanken und Gefühle, die in der Stille aufsteigen, machen mir Angst?

- Welche Gedanken und Gefühle machen mir Freude?
- Beachte ich meine eigenen Ablenkungsmanöver, die mich immer wieder aus der Stille und dem Schweigen herausführen?
- Sind Telefon, Handy, Fax, E-Mails und Internet Fluchtwege, um mich nicht mit den wirklichen Fragen meines Lebens zu konfrontieren?
- Wiege ich mich in der Illusion, ganz bei mir zu sein, wenn ich ununterbrochen durch die Massenmedien außer mich gerate?
- Gibt es einen Raum, in dem ich wirklich die Stille genießen kann?

Übung

Ich versuche dort, wo ich gerade bin, Stille und Schweigen zu schaffen. Ich achte auf alle Geräusche, die mich ablenken. Ich stelle alle Geräte ab, die die Stille beeinträchtigen. Dann setze ich mich auf einen Stuhl und höre die Worte, Gedanken und Gefühle, die in mir aufsteigen. Ich versuche auch, die inneren Geräusche abzustellen, um ganz in der Stille aufzugehen.

Gebet

Gott, Du offenbarst Dich in der Stille und im Schweigen. Ich bitte Dich um innere Ruhe und Frieden für mein Herz, damit ich in der Stille und im Schweigen mich und Dich ganz wahrnehmen kann. Gib mir ein hörendes Herz, damit ich als Hörender das Unerhörte nicht überhöre.

Vergessen Sie nicht, mindestens zehn Minuten in die Nacht und den Sternenhimmel zu schauen, auch dann, wenn es bewölkt ist.

14. Mist gehört in die Erde, sonst stinkt er zum Himmel

Manchmal ärgere ich mich über Mist und Müll. Um mich herum sammeln sich die Misthaufen, die nicht nur zum Himmel stinken, sondern auch wenig Freude am Leben vermitteln. Dabei ist der Mist eines der kostbarsten Güter, die wir auf Erden haben. Ob wir es einsehen wollen oder nicht, Mist, im wörtlichen und im übertragenen Sinn, ist Dünger und Energiequelle für das Wachstum. Wenn wir den Mist nicht unter die Erde bringen, macht er uns Schwierigkeiten und vergiftet uns und unsere Umwelt. Dass es Mühe macht, den Mist des Lebens unter die Erde zu bringen, weiß der am besten, der schon einmal einen Misthaufen in die Erde eingegraben hat.

Allzu leicht machen wir faule Kompromisse. Wir stapeln den Mist irgendwo. Aber gerade faule Kompromisse stinken am meisten zum Himmel, vor allem deshalb, weil wir mit solchen Kompromissen nicht der Wahrheit Raum geben, sondern einfach den bequemeren Weg gehen, um Auseinandersetzungen zu vermeiden. Die faulen Kompromisse sind Zeichen der Feigheit und der Angst. Daraus kann nichts wachsen. Irgendwann einmal fliegt der Schwindel auf, und der Schaden ist dann meistens sehr groß. Es sei aber ausdrücklich gesagt, dass es auch gute Kompromisse gibt und dass wir als Menschen durchaus kompromissfähig sein müssen, um miteinander leben zu können.

Impulse zur Meditation

- Was mache ich mit dem Mist und den Abfallprodukten meines Lebens?
- Übernehme ich dafür selbst die Verantwortung oder schiebe ich anderen die Verantwortung dafür zu?
- Habe ich schon irgendwann einmal in meinem Leben die Erfahrung gemacht, dass Mist und Abfall sinnvoll verarbeitet werden können?
- Bin ich zu stolz und zu eingebildet, um mir die Hände schmutzig zu machen, wenn ich Mist und Abfall verarbeiten muss?
- Finde ich in mir selbst das Vertrauen und die Stärke, um die negativen Erfahrungen in meinem Leben verarbeiten zu können?
- Degradiere ich mich selbst zum Misthaufen, auf dem sich alles Negative anhäuft?
- Habe ich schon einmal bewusst erlebt, dass auf einem großen Misthaufen die schönsten Kürbisse, die größten Zucchini und die schönsten Blumen wachsen?

Übung

Ich nehme mir einen großen Misthaufen vor, in meinen Erfahrungen, in meinem Garten oder sonstwo. Ich suche mir ein Stück Erde, in das ich diesen Mist einarbeiten kann. Auch der seelische Mist findet so einen neuen Platz in meinem Leben. Wenn ich es allein nicht schaffe, bitte ich einen anderen oder eine andere, mir dabei zu helfen. Ich rechne damit, dass dies eine sehr große Anstrengung für alle Beteiligten ist.

Gebet

Du, Gott, kennst meine Torheit, meine Dummheit. Und meine Fehler sind Dir alle bekannt. Du kennst auch den Mist in meinem Leben. Du weißt auch, dass ich oft mich selbst und andere deshalb verachte.
Aber durch mich soll niemand beschämt werden, der das Leben von Dir erhalten hat, der auf Dich hofft, Gott Israels. Kein Mensch auf dieser Welt soll entwertet werden, wie immer er Dich sucht, denn Du bist unser aller Gott. Auch wenn ich dadurch mir selber fremd werde, meinen Geschwistern und meiner Familie, verzehrt mich der Eifer für Dich, für das Leben und für Dein Haus, wenn ich das Leben und die Menschen ehre, die in Deiner Schöpfung wohnen.

(freie Übersetzung des Psalms 69,6–10)

Vergessen Sie nicht, mindestens zehn Minuten in die Nacht und den Sternenhimmel zu schauen, auch dann, wenn es bewölkt ist.

15. Arbeit wird zum Vergnügen, wenn sie Sinn macht

Ich arbeite gerne, und es macht mir Vergnügen, wenn ich den Sinn der Arbeit erkenne und spüre, dass mich das, was ich tue, erfüllt und eine Lebensgrundlage für mich und für andere ist. Aber ich kenne auch die Situation, in der ich Dinge tun muss, von denen ich nicht überzeugt bin, die aber von mir gefordert oder manchmal sogar erzwungen werden. Ich merke dann, dass die Arbeit mir nicht mehr von der Hand geht, dass sich Fehler einschleichen und ich sehr schnell ermüde. Wenn ich anfange, darüber nachzudenken, merke ich, dass es nicht die Arbeit ist, die mich krank oder mutlos macht, sondern deren Sinnlosigkeit. Auch wenn ich von anderen ausgenützt werde und wenn ich spüre, dass das, was ich tue und denke, nicht anerkannt wird, kann mich diese Sinnlosigkeit überfallen. Das führt nicht nur zur Resignation und Krankheit, sondern höhlt mich innerlich aus.

Ich weiß sehr gut, dass ich nicht immer und überall und in jedem Augenblick den Sinn erkennen kann, den mein Denken, Tun und Arbeiten hat. Ich werde auch nicht immer die kleinen und großen Zusammenhänge durchschauen und mir bewusst machen, die aus meiner Arbeit entstehen.

Aber ich weiß, wie glücklich ich bin, wenn meine Arbeit einen Sinn ergibt und wenn sie mir Freude macht. Deshalb ist es besser, nicht über die Arbeit zu jammern, über Kollegen und sich selbst zu schimpfen, Zeit und Kraft mit solchen Gefühlen und Gedanken aufzuzehren, sondern sich sehr bewusst eine Arbeit zu suchen, die erfüllt und Sinn macht. Gefährlich ist es, wenn ich eine Arbeit nur deshalb verrichte, weil ich Geld verdienen will oder muss. Wenn Geld der einzige Sinn einer Arbeit ist, wird sie sinnlos. Unlust und Verdrossenheit entstehen immer dann, wenn Menschen in ihrem Tun und Denken keinen Sinn mehr sehen.

Impulse zur Meditation

- Welche Arbeit macht mir Freude?
- Welche Arbeit nimmt mir Kraft?
- Welche Arbeit sehe ich als sinnlos an?
- Kann ich die Ursachen für das Gefühl der Sinnlosigkeit erkennen?
- Habe ich Freunde oder Bekannte oder Familienangehörige, mit denen ich über die Erfahrungen in meiner Arbeit sprechen kann?
- Habe ich es schon einmal erlebt, dass mir eine Arbeit, die ich zunächst als sinnlos angesehen habe, Sinn und Freude macht?
- Was ist dabei geschehen?
- Warum hat sich mein Gefühl verändert?
- Was konnte ich selbst dazu beitragen, damit eine Arbeitssituation Sinn bekam?
- Nehme ich anderen, die mit mir zusammenarbeiten, Sinn, Freude und Zuversicht? Oder gebe ich ihnen in der Zusammenarbeit Sinn, Freude und Zuversicht?

Übung

Ich suche mir eine Arbeit in meiner Wohnung, in meinem Haus oder in meinem Garten, die mir bisher als sinnlos erschien. Ich betrachte diese Arbeit von allen Seiten und suche nach der Ursache für die vermeintliche Sinnlosigkeit. Ich frage mich, ob es die Arbeit ist, die mir sinnlos erscheint, oder ob Umstände und Personen mir Schwierigkeiten machen? Ich ordne die verschiedenen Erfahrungen und Empfindungen und beginne erst dann zu arbeiten, wenn ich den Sinn der Arbeit verstanden habe, auch wenn dieser Sinn nur eine ganz einfache Notwendigkeit ist.

Gebet

Herr und Gott, Du hast Himmel und Erde geschaffen. Wenn ich das alles betrachte, dann ahne ich, dass es Dir Vergnügen bereitet hat, dass Du einen tiefen Sinn darin gesehen hast, diese Welt, die Menschen und auch mich zu erschaffen. Gib mir Mut und Vertrauen zu der Arbeit, die ich tue, und lass mich erkennen, welchen Sinn es hat, dass ich dort stehe, gehe und handle, wo ich gerade bin.

Vergessen Sie nicht, mindestens zehn Minuten in die Nacht und den Sternenhimmel zu schauen, auch dann, wenn es bewölkt ist.

16. Besser ist es, barmherzig als vollkommen fertig zu sein

Oft leide ich darunter, dass ich selbst und das, was ich denke und tue, sehr unvollkommen ist. Ich merke, dass es mir nicht gelingt, Dinge zu Ende zu bringen. Ich spüre meine Unvollkommenheit, die ich zwar mit meinem Verstand zu rechtfertigen suche, die mich aber trotzdem quält. Ich erkenne, dass ich nicht nur unbarmherzig mit mir selbst umgehe, sondern auch unbarmherzig gegenüber anderen bin. Obwohl ich sehr genau weiß, dass es besser ist, barmherzig als vollkommen fertig zu sein. Barmherzig zu sein ist kein fauler Kompromiss, kein Schlendrian oder gar Faulheit. Barmherzigkeit ist die Einsicht des Herzens, dass ich als Mensch unvollkommen bin. Und ebenso wie ich unvollkommen bin, sind auch alle anderen Menschen und Dinge unvollkommen. Ich weiß, dass ich mich und andere überfordere mit meinem Perfektionismus und meinen Ansprüchen. Ich kann mir selbst genauso wenig verzeihen, wie ich anderen verzeihen kann. Mit meinen Leistungsansprüchen mache ich mich und andere vollkommen fertig.

Barmherzigkeit und Güte sind von ungeheurer Größe. Sie zeigen die Kraft des Menschenherzens, das die Schönheit und die Chance der Unvollkommenheit sieht und versteht.

Dass trotz besten Wissens und Gewissens, trotz aller Bemühungen die Dinge nicht perfekt und vollkommen sind, ist normal. Das normale Maß des Menschen ist die Unvollkommenheit. Wegen unserer Unvollkommenheit haben wir die Chance, mit uns und mit anderen barmherzig zu sein. Antoine de Saint-Exupéry sagt im *Kleinen Prinzen*: »Man sieht nur mit dem Herzen gut, das Wesentliche ist für die Augen unsichtbar.« Das Streben nach Vollkommenheit und Perfektion ist eine Wüste, durch die ich gehen muss, um in mir die Bewegungen meines Herzens zu finden und barmherzig werden zu können. Damit will ich nicht Versagen entschuldigen oder Schlamperei rechtfertigen. Ich will mich nur nicht in der Wüste der Vollkommenheitsforderungen fertigmachen lassen.

Impulse zur Meditation

- In welchen Situationen will ich, dass alles vollkommen und perfekt ist?
- Wann mache ich mich und andere »vollkommen« fertig?
- Ist mir bewusst, dass die Ansprüche, die ich an andere stelle, vor allem an meine direkten Mitmenschen, überzogen sind?
- Weiß ich, dass Barmherzigkeit nicht Nachgiebigkeit, sondern Selbstbewusstsein fordert?
- Kann ich Fehler verzeihen? Mache ich den, der etwas nicht perfekt gemacht hat, fertig?
- Wann und wo, von wem habe ich selbst Barmherzigkeit erfahren?
- Kann ich auch das Unvollkommene lieben?
- Was gibt mir die Kraft, auf mein Herz zu hören und barmherzig zu handeln?

Übung

Ich stelle mir eine Situation vor, in der etwas völlig schiefgegangen ist. Ich sehe die Fehler, die Mängel, den dafür verantwortlichen Menschen und mache ihn trotzdem nicht fertig, sondern begegne ihm mit Verständnis, mit Wohlwollen und biete ihm meine Hilfe an.

Gebet

Gott, mein Vater, Gott, meine Mutter, Du hast mir Leben geschenkt und kennst meine Gebrochenheit und meine Unvollkommenheit. Du begegnest mir und allem, was gebrochen ist, auch dem Menschen, der ein Sünder ist, voller Barmherzigkeit. Du handelst nicht von oben herab, sondern Du wohnst mitten unter den Menschen durch Deinen Sohn Jesus Christus. Er hat das Leben mit uns geteilt. Lass mich so das Leben mit anderen teilen und barmherzig sein.

Vergessen Sie nicht, mindestens zehn Minuten in die Nacht und den Sternenhimmel zu schauen, auch dann, wenn es bewölkt ist.

17. Dankbarkeit ist der Schlüssel zur Freude

(Mewlana Rumi)

Ich nehme viele Dinge, die guten und die schlechten, so selbstverständlich hin. Ich habe oft das Gefühl, dass ich verlernt habe, dankbar zu sein, obwohl ich weiß, dass die Dankbarkeit der Schlüssel zur Freude ist. Manchmal sage ich gerade noch ein schnelles »Danke«, aber dahinter verbirgt sich nicht die rechte Dankbarkeit, das Ganze ist nur noch eine höfliche Floskel. Durch Dankbarkeit verliere ich nichts, sondern ich gewinne immer etwas. Dabei entdecke ich jeden Tag, wenn ich bewusst und aufmerksam mein Leben betrachte und durch dieses Leben gehe, wie dankbar ich sein kann für das Leben und die Erfahrungen, die mir geschenkt werden. Natürlich ist es leichter, für die guten und schönen Dinge dankbar zu sein. Aber ich habe erlebt, dass sich sogar schlechte Erfahrungen und bittere Stunden verwandeln, wenn ich langsam, mühsam und oft mit großem Kraftaufwand für diese Dinge dankbar bin. Es sind ja nicht nur Worte und Lebenserfahrungen, die ich mit anderen teile, sondern es ist das innere Wissen und das Gefühl, dass ich durch mein ganzes Leben beschenkt werde.

Das schönste Lob, das ich einem anderen und auch mir selbst geben kann, ist meine Dankbarkeit. Das schönste Lob ist das Leben (*Leben* und *Loben* haben für mich die gleiche Wurzel), das ich mit anderen teile. Ich weiß, dass immer dann, wenn es mir gelingt, wirklich mein Leben mit anderen zu teilen, ich nichts verliere, sondern Leben gewinne.

Impulse zur Meditation

- Kann ich mir und anderen danken?
- Spüre ich, dass Dank nicht nur Anerkennung, sondern Leben bedeutet?
- Gibt es dunkle, schmerzhafte Erfahrungen, für die ich trotzdem dankbar bin?
- Kann ich die großen und kleinen Ereignisse meines Lebens annehmen?
- Weiß ich, dass ich mein Leben allein nicht bewältigen kann, sondern immer auf andere angewiesen bin?

Übungen

Ich lasse die Ereignisse des heutigen Tages und der letzten beiden Tage an mir vorüberziehen. Ich suche nach Situationen, in denen ich dankbar war und Freude empfunden habe. Ich suche nach Situationen, in denen ich nicht dankbar war und keine Freude empfunden habe. Und ich suche jetzt nach Möglichkeiten, meinen Dank zu zeigen.

Gebet

Ich danke Dir, Gott, dass Du mich so geschaffen hast, wie ich bin, mit all meinen Fehlern und Schwächen, mit allen guten Seiten und allen Fähigkeiten. Ich danke Dir für die Fülle des Lebens. Ich danke für die Menschen, die mich auf meinem Lebensweg begleiten. Gib mir Freude in mein Herz.

Vergessen Sie nicht, mindestens zehn Minuten in die Nacht und den Sternenhimmel zu schauen, auch dann, wenn es bewölkt ist.

18. Vertrau auf Gott, aber binde dein Kamel an einen Baum

(Arabisches Sprichwort)

Ich möchte so gern Vertrauen haben und werde oft enttäuscht. Nicht nur den Menschen, sondern auch Gott möchte ich vertrauen. Ich merke aber, dass ich misstrauisch bin, weil ich nicht nur bei Menschen, sondern auch bei Gott oft den Eindruck habe, dass mein Vertrauen nichts nützt und die Dinge wider Erwarten schlecht und nicht gut ausgehen. Menschen, die durch die Wüste wandern, brauchen Gott- und Selbstvertrauen. Aber dieses Vertrauen ist weder blind noch sinnlos oder gar realitätsfern. Es ist immer gut, auf Gott zu vertrauen, dennoch sollte man das Kamel an einen Baum binden, damit es nicht wegläuft. Wenn ich die Dinge einfach laufen lasse, zerrinnt mir alles zwischen den Fingern. Ich habe Verstand, Gefühl und Kraft. Davon muss ich aber auch Gebrauch machen. Es ist nicht verwunderlich, dass die Dinge immer dann schiefgehen, wenn ich vergesse, »mein Kamel an einen Baum zu binden«, und mich dann beschwere, dass mir mein Kamel weggelaufen ist. All meine Kräfte und mein Können, meinen Verstand und mein Gefühl muss ich einsetzen, um das Gute zu tun und Unheil zu verhindern. Dann kann ich auf Gott vertrauen. Leichtsinn, Übermut und Dummheit sind kein Zeichen des Vertrauens. Klugheit, Kraft und Bewusstheit geben mir Selbstvertrauen und mehren das Vertrauen auf Gott.

Impulse zur Meditation

- In welchen Situationen meines Lebens wurde ich von Gott und den Menschen enttäuscht?
- Wann vergesse ich, all meine Kräfte und Einsichten einzusetzen und bin enttäuscht, weil die Dinge nicht so laufen, wie ich will?
- Wann habe ich nicht den Mut, »mein Kamel an einen Baum zu binden«?
- In welchen Lebenssituationen mache ich Gott für alles verantwortlich, obwohl ich selbst unverantwortlich gehandelt habe?
- Wo und wann irre ich selbst ziellos und haltlos in meiner Wüste herum und bin enttäuscht, dass ich Gott nicht begegne?
- Wann leide ich unter Gottverlassenheit, obwohl ich weiß, dass ich selbst unzuverlässig bin?

Übung

Ich suche nach einer Lebenssituation innerhalb der letzten Monate, in der ich in meinem Vertrauen enttäuscht worden bin. Ich fahnde nach den Ursachen und versuche herauszufinden, warum die Situation nicht gut ausgegangen ist.

Gebet

Guter Gott, oft bin ich enttäuscht von Dir, weil die Dinge, die ich tue, nicht gelingen. Ich bin enttäuscht, weil Du nicht alle Dinge wieder ins Lot bringst, die ich durcheinandergebracht habe. Ich bitte Dich darum, dass die Kraft meines Verstandes, meiner Seele, meines Herzens wächst und ich die notwendigen Dinge tue, die ich wirklich tun kann. Gib mir dazu Deinen Segen.

Vergessen Sie nicht, mindestens zehn Minuten in die Nacht und den Sternenhimmel zu schauen, auch dann, wenn es bewölkt ist.

19. Inschallah – so Gott es will

Ich weiß, dass mein Leben in den Händen Gottes ruht. In Dantes *Göttlicher Komödie* heißt es einmal: »In seinem Willen ist unser Friede.«

Gerne möchte ich mein Leben selbst bestimmen und alles in der Hand behalten. Ich möchte nicht, dass ich irgendeiner Macht ausgeliefert bin, gegen die ich mich nicht wehren kann. Allzu oft habe ich in meinem Leben erfahren, dass ich zum Spielball anderer wurde.

Trotz alledem weiß und spüre ich, dass es Gott ist, der mein Leben gestaltet. Sich Gott anzuvertrauen heißt für mich nicht, mich irgendeiner Willkür auszuliefern. Sondern es bedeutet darauf zu vertrauen, dass es jemanden gibt, der mich beschützt und behütet und der es gut mit mir meint. Ich gebe nicht mein Denken und mein Wollen auf. Aber ich vertraue mein Wollen und Denken Gott an, der mich führt und leitet. Nicht immer kann ich sagen: »So Gott es will.« Aber ich weiß sehr gut, dass es besser ist, sich in die Hände Gottes fallen zu lassen, als zu glauben, alles selbst machen, regeln und ordnen zu können. Denn das kann ich nicht.

Ich will deshalb auch nichts mehr mit Gewalt erzwingen und bin trotzdem nicht gleichgültig. Ich setze mich ein für das Leben und lege es doch in die Hände Gottes.

Wie schmerzhaft waren die Stunden, in denen ich mich in eine Sache verrannt hatte. Ich weiß, wie befreiend es immer war, wenn ich folgendes Gebet, folgenden Gedanken in meinem Herzen und auf meinen Lippen formulieren konnte: »So Gott es will!«

Impulse zur Meditation

- Kann ich mein Wollen lassen, ohne dabei meinen Lebenswillen aufzugeben?
- Ist Gott für mich eine große, fürchterliche Macht, vor der ich Angst habe, oder ist er für mich das Lebensprinzip schlechthin?
- Habe ich in meinem Leben schon einmal erfahren, wie befreiend es war, wenn ich mich Gott wirklich anvertraut habe?
- Vertraue ich mich Gott auch in meinem Alltag an, nicht nur in Situationen, die ausweglos sind?

Übung

Ich frage mich, welches Gottesbild ich habe. Ist es ein strafender Gott? Ist es ein Übervater? Ist es nur der »liebe« Gott? Ist es der, der mein Leben nur schwerer macht?

Erkenne ich in der Kraft des Lebens Gott, der mein Leben in seinen Händen hält?

Bei allem, was ich heute tue, denke, was ich erreichen will, lege ich mein Wollen in die Hände Gottes. In meinem

Herzen füge ich jedem Gedanken den Satz hinzu: »So Gott es will.«

Gebet:

Dir, Gott, vertraue ich mein Leben an, mein Denken, Tun und Wollen. Du bist es, der alles zu einem guten Ende führt. Dir übergebe ich dieses Leben. Stärke mich dort, wo ich wollen und handeln muss. Schenke mir ein Herz, das sich Dir und dem Leben ganz hingibt. Leite Du alle Geschehnisse meines Lebens und schenke mir Vertrauen in Deine Liebe.

Vergessen Sie nicht, mindestens zehn Minuten in die Nacht und den Sternenhimmel zu schauen, auch dann, wenn es bewölkt ist.

20. Lass dir die Geschichten der Wüstenwanderer erzählen

Menschen sind aufeinander angewiesen. Wir können nicht alleine leben, schon gar nicht alleine einen Weg durch die Wüste finden. Es ist gut, wenn ich immer wieder mit großer Aufmerksamkeit die Geschichten der Wüstenwanderer höre. Mag sein, dass manche dieser Geschichten wie Märchen klingen. Mag sein, dass manche der Wüstendurchquerer ihre Erfahrungen übertreiben. Aber jede Lebensgeschichte, jede Lebenserfahrung birgt in sich ein Körnchen Wahrheit. Ich kann aus jeder Lebensgeschichte lernen. Besonders gut ist es, darauf zu achten, welche Geschichten mich berühren und in mir eine Resonanz hervorrufen. Jeder Mensch, der seine Lebenserfahrung mit mir teilt, ist ein Geschenk.

Manchmal sind die Geschichten nicht verständlich. Sie sind auch nicht eins zu eins in mein Leben zu übersetzen. Erst wenn eine Geschichte in mir eine Schwingung auslöst und ich durch diese Geschichte bewegt werde, ist sie für mich und mein Leben wichtig. Manche dieser Geschichten muss ich auch mehrmals hören. Ich darf nicht nur auf die Worte, sondern muss vor allem auf den Sinn dieser Geschichten hören. Es ist gut, dabei demütig zu werden und den, der mir eine Geschichte erzählt, weder zu verurteilen noch seine Erfahrung gering zu schätzen.

Impulse zur Meditation

- Gibt es Lebensgeschichten, die mich in meinem Innern bewegen?
- Bin ich dazu fähig, die Lebensgeschichte und Erfahrung eines anderen Menschen auf meine Situation zu übertragen?
- Kann ich so zuhören, dass ich nicht nur die Worte, sondern den Sinn einer Geschichte verstehe?
- Habe ich den Mut, jemanden zu bitten, mir seine Lebensgeschichte, seine Erfahrungen zu erzählen?
- Bin ich bereit, mit großer Aufmerksamkeit wirklich zuzuhören?

Übung

Ich setze mich an einen ruhigen Platz und beginne, die Erfahrungen eines Wüstentages und einer Sternstunde aufzuschreiben. Dann bitte ich einen anderen Menschen, der mich auf meiner Wanderung durch die Wüste oder während einer Sternstunde begleitet hat, mir von seinen Sternstunden und Wüstentagen zu erzählen. Wichtig ist dabei nicht, dass ich viel über diese Erfahrungen spreche, sondern dass ich auf sie höre und in meinem Herzen erwäge.

Gebet

Gott, in den großen Heilsgeschichten der Menschheit und aller Religionen höre ich immer wieder die wundersamen Begebenheiten von Wüstentagen und Sternstunden. Gib mir ein Herz, das diese Erfahrungen aufnehmen und verstehen kann. Zeig mir einen Weg, diese Erfahrungen in mein Leben aufzunehmen.

Vergessen Sie nicht, mindestens zehn Minuten in die Nacht und den Sternenhimmel zu schauen, auch dann, wenn es bewölkt ist.

21. Komm und ruhe dich ein wenig aus

Bei allem Eifer für ein Trainingsprogramm darf ich nie vergessen, dass ich immer wieder eine Zeit der Ruhe, der Stille und der Entspannung brauche. Ich kann nicht immer unterwegs sein. Ich brauche die Pause, die mir Zeit gibt, meine Erfahrungen zu reflektieren und zu verarbeiten. Dabei kann ein Begleiter eine große Hilfe sein.

Es liegt aber vor allem an mir, mir die Freiheit zu nehmen und Nischen zu finden, um von Zeiten der Ruhe zu profitieren. Ein Mensch kann nicht ununterbrochen auf Hochtouren laufen. Er kann auch nicht immer üben und reflektieren. Er braucht die heilige Zeit der Ruhe und des Freiraums.

Impulse zur Meditation

- Habe ich Zeiten der Ruhe?
- Kann ich mir Freiräume schaffen?
- Gibt es bei allem Stress und Trott des Alltags dennoch Zeiten, in denen ich zu mir selber kommen kann?
- Höre ich auf die innere Stimme, die mir sagt, dass es jetzt genug ist?
- Fülle ich meine Freiräume mit neuem Stress, mit neuem Lärm?
- Erfahre ich in ihnen die Freiheit, um Kraft zu schöpfen?

Übung

Ich gehe in Gedanken meinen Alltag, den Tagesablauf, den Wochenablauf und den Jahresablauf durch und fixiere die Freiräume und die Pausen, in denen ich neue Kraft schöpfen kann. Ich trage diese Freiräume in meinen Kalender als fixe Termine ein, die ich nur in Extremfällen löschen darf.

Gebet

Gott, der Du Himmel und Erde erschaffen hast. Du hast am siebten Tag geruht. Du hast auf das Werk der Schöpfung geschaut. Lass mich von Dir lernen zu ruhen und zu schauen, damit ich den Frieden finden kann.

Vergessen Sie nicht, mindestens zehn Minuten in die Nacht und den Sternenhimmel zu schauen, auch dann, wenn es bewölkt ist.

Nachwort

✶ *Es gibt sie, die Sternstunden – sie müssen nur erzählt werden.*

Während ich dieses Buch schrieb – es hat fast ein Jahr gedauert –, habe ich mehr Wüstentage als Sternstunden erlebt. In den letzten Wochen hatte ich manchmal den Eindruck, dass es gar keine Sternstunden mehr gibt. Ich bin durch viele Wüstentage gewandert und habe dunkle Erfahrungen gemacht und daran gezweifelt, ob mir überhaupt noch einmal eine Sternstunde geschenkt wird.

Trotzdem schrieb ich weiter und folgte dem eingeschlagenen Weg, weil Glaube und Vertrauen doch größer sind als Zweifel und Misstrauen.

Unterdessen geschah etwas Merkwürdiges. Während eines Kuraufenthaltes und der mühseligen Behandlung eines Rückenleidens hatte ich eine bewegende Begegnung. Eine Frau sprach mich an und fragte mich, ob sie mir nicht etwas erzählen dürfte. Ich kannte die Frau nur vom Vorübergehen. Sie wusste auch nicht, dass ich ein Buch über Sternstunden schreibe und gerade an der Sinnhaftigkeit der ganzen Unternehmung zweifelte. Sie ahnte auch nicht, dass ich gerade für eine Sternstunde betete.

»Gestern bin ich in einer psychotherapeutischen Gruppe mit Entspannungsübungen gewesen. Mir geht es zurzeit nicht gut an Leib und Seele. Während einer geführten Imagination ging ich durch einen langen, dunklen Tunnel. Ich sah wohl das Licht am Ende des Tunnels, aber sosehr ich mich auch bemühte, ich konnte das Ende des Tunnels und das Licht nicht erreichen.

Ich wurde sehr traurig und wurde mir meiner schlimmen Lebenssituation bewusst. Ich fühlte meine Einsamkeit, meine Hoffnungslosigkeit und mein Elend. In der Gruppe konnte und wollte ich die Situation nicht schildern und nicht von meinen Erfahrungen erzählen. Ich schämte mich. Beunruhigt und aufgewühlt ging ich zu Bett und konnte nicht schlafen. Mitten in der Nacht – es war zwischen ein und zwei Uhr – stand ich auf und ging auf den Balkon hinaus.

Still und hell war die Nacht. Im Sternenhimmel über mir sah ich einen ganz hellen Stern. Es war kein Flugzeug, sondern wirklich ein Stern, und etwas entfernt war noch ein zweiter. Es kam mir so vor, als ob sie nur mir leuchteten und zu mir sprachen. Es war so, als würden ein guter Vater und eine gute Mutter zu mir sprechen. Und zwischen beiden Sternen entdeckte ich einen Sternenhaufen, der aussah wie eine Krippe. In diesem Augenblick überkam mich das Gefühl eines großen Trostes und tiefer Geborgenheit. Ich kann das alles nicht erklären. Aber ich bin sicher, dass ich das alles gesehen und gehört habe.«

Sie schwieg lange. Mir stiegen die Tränen der Dankbarkeit in die Augen, weil die Erzählung dieser Sternstunde auch für mich zu einer Sternstunde wurde.

Die Frau fügte hinzu: »Ich weiß nicht, was das alles bedeutet. Ich hatte eine schlimme Kindheit, weil ich meine

Eltern früh verloren habe. Das Leben hat mir nichts geschenkt. Aber heute habe ich die Sterne gesehen. Sie haben zu mir gesprochen, und ich glaube, dass ich sie verstanden habe, weil ich getröstet bin.«

Bevor sie ging, weinte sie. Es waren Tränen des Trostes und nicht der Trauer. Mich hat das alles sehr bewegt. Auf meiner Suche wurde ich beschenkt. Ich ging in mein Zimmer. Es gibt Sternstunden. Es gibt sie wirklich. Ich war dieser Frau sehr dankbar und wollte ihr etwas schenken. Aber ich hatte nichts Sinnvolles bei der Hand. Suchend sah ich mich in meinem Zimmer um und fand einen kleinen blauen Stern mit einer Perle und einem Schriftzug. Diesen Stern hatte mir ein Mitbruder bei seiner Rückkehr vom Besuch eines Klosters als Gruß meiner Brüder mitgebracht. Ich hatte ihn bis jetzt nicht beachtet. Jetzt fing er an zu leuchten. Dieser Stern war das Zeichen der Liebe meiner Brüder, die sich um mich sorgen und kümmern, die mir helfen und mich begleiten, wenn ich krank und kraftlos bin.

Wieder eine Sternstunde!

Sterne brauchen manchmal lange, bis sie uns mit ihrem Licht berühren. Viele sind Lichtjahre von uns entfernt. Und von manchen Sternen sind wir weit entfernt, weil wir sie nicht sehen. Die Frau hat mir mit der Erfahrung ihrer Sternstunde nicht nur eine, sondern noch eine zweite gute Erfahrung geschenkt, weil ich jetzt auch den Stern meiner Brüder wahrnehmen konnte.

Ich habe den kleinen Stern mit der Perle der Frau geschenkt. Der Schriftzug auf dem Stern lautete: *Deo gratias – Gott sei Dank!*

Mit dem Dank an Gott, der mir Leben schenkt,
mit dem Dank an meine Brüder im Kloster Gut Aich,
mit dem Dank an die Menschen, die mir die Erfahrungen geschenkt haben, von denen dieses Buch erzählt,
und dem Dank an die Leserinnen und Leser schließe ich dieses Buch.

Johannes Pausch OSB, Ostern 2007

Register